Recepti za ten seitan za vsak obrok

100 krepkih, z beljakovinami polnih receptov za okusno vegansko kuhinjo

Alenka Pavlin

© Copyright 2024 - Vse pravice pridržane.

Naslednja knjiga je predstavljena spodaj z namenom zagotavljanja informacij, ki so čim bolj točne in zanesljive. Ne glede na to lahko nakup te knjige razumemo kot soglasje z dejstvom, da založnik in avtor te knjige nikakor nista strokovnjaka za teme, obravnavane v njej, in da so vsa priporočila ali predlogi, ki so v njej podani, samo za namene zabave. Po potrebi se je treba posvetovati s strokovnjaki, preden se lotite katerega koli ukrepa, ki je tukaj odobren.

Ameriška odvetniška zbornica in Odbor združenja založnikov menita, da je ta izjava poštena in veljavna ter je pravno zavezujoča v vseh Združenih državah.

Poleg tega bo prenos, podvajanje ali reprodukcija katerega koli od naslednjih del, vključno z določenimi informacijami, veljala za nezakonito dejanje, ne glede na to, ali je opravljeno elektronsko ali v tiskani obliki. To velja za ustvarjanje sekundarne ali terciarne kopije dela ali posnete kopije in je dovoljeno samo z izrecnim pisnim soglasjem založnika. Vse dodatne pravice pridržane.

Podatki na naslednjih straneh se na splošno obravnavajo kot resničen in natančen prikaz dejstev, zato bo kakršna koli nepazljivost, uporaba ali zloraba zadevnih informacij s strani bralca povzročila, da so vsa posledična dejanja izključno v njegovi pristojnosti. Ni scenarijev, v katerih bi lahko založnika ali izvirnega avtorja tega dela na kakršen koli način šteli za odgovornega za kakršno koli stisko ali škodo, ki bi ju lahko doletela po prevzemu informacij, opisanih tukaj.

Poleg tega so informacije na naslednjih straneh namenjene samo informativnim namenom in jih je zato treba obravnavati kot univerzalne. Kot se spodobi svoji naravi, je predstavljen brez zagotovila glede njegove podaljšane veljavnosti ali začasne kakovosti. Omenjene blagovne znamke so narejene brez pisnega soglasja in se nikakor ne morejo šteti za odobritev imetnika blagovne znamke.

Sommario

UVOD..8

1. FIŽOLOVA SKUTA Z OSTRIGOVO OMAKO........................10
2. GLOBOKO OCVRT TOFU.......................................12
3. FERMENTIRANA FIŽOLOVA SKUTA S ŠPINAČO....................13
4. DUŠEN TOFU...15
5. KITAJSKI REZANCI V ARAŠIDOVO-SEZAMOVI OMAKI..............17
6. MANDARINSKI REZANCI......................................19
7. FIŽOLOVA SKUTA S FIŽOLOVO OMAKO IN REZANCI...............21
8. TOFU, POLNJEN S KOZICAMI.................................23
9. FIŽOLOVA SKUTA S SEČUANSKO ZELENJAVO.....................25
10. DUŠEN TOFU S TREMI ZELENJAVAMI..........................27
11. TOFU TRIKOTNIKI, POLNJENI S SVINJINO....................29
12. BRUSNIČNE PALAČINKE S SIRUPOM...........................31
13. TOFU S SOJINO GLAZURO...................................33
15. HRUSTLJAVI TOFU S CVRČEČO OMAKO IZ KAPER................37
16. PODEŽELSKO OCVRT TOFU Z ZLATO OMAKO.....................39
17. POMARANČNO GLAZIRANI TOFU IN ŠPARGLJI...................41
18. TOFU PIZZAIOLA..43
19. TOFU "KA-POW"...45
20. TOFU NA SICILIJANSKI NAČIN..............................47
21. THAI-PHOON STIR-FRY.....................................49
22. PEČEN TOFU, POBARVAN S ČIPI.............................51
23. TOFU NA ŽARU S TAMARINDOVO GLAZURO......................53
24. TOFU, POLNJEN Z VODNO KREŠO.............................55
25. TOFU S PISTACIJO IN GRANATNIM JABOLKOM..................57
26. SPICE ISLAND TOFU.......................................59
27. INGVERJEV TOFU S CITRUSNO-HOISIN OMAKO..................61
28. TOFU Z LIMONSKO TRAVO IN SNEŽNIM GRAHOM.................63
29. DVOJNI SEZAMOV TOFU S TAHINIJEVO OMAKO..................65

30. Tofu in enolončnica Edamame..................................67
31. Sojino-rjavi sanjski kotleti..69
32. Moja nekakšna mesna štruca..................................71
33. Zelo vaniljev francoski toast...................................73
34. Sezamovo-sojin namaz za zajtrk............................75
35. Radiatore z omako Aurora.....................................76
36. Klasična tofu lazanja...78
37. Rdeča blitva in špinačna lazanja............................80
38. Pražena zelenjavna lazanja....................................82
40. Primavera lazanja..86
41. Lazanja s črnim fižolom in bučo............................89
42. Manicotti, polnjeni z blitvo...................................91
44. Vetrnice za lazanjo..95
45. Bučni ravioli z grahom..97
46. Ravioli iz artičok in orehov..................................100
47. Tortelini s pomarančno omako............................103
48. Zelenjavni Lo Mein s tofujem...............................105
49. Pad Thai...107
50. Pijani špageti s tofujem...109

TEMPEH..111

51. Špageti v stilu Carbonara......................................112
51. Tempeh in zelenjavni mešalnik............................114
52. Teriyaki Tempeh..116
53. Tempeh na žaru...118
54. Pomarančni burbonski tempeh............................120
55. Tempeh in sladki krompir.....................................122
56. Kreolski tempeh...124
57. Tempeh z limono in kaprami................................126
58. Tempeh z javorjevo in balzamično glazuro.........128
59. Mamljiv tempeh čili...130

60. Tempeh Cacciatore..132
61. Indonezijski tempeh v kokosovi omaki...............134
62. Ingverjev-arašidov tempeh....................................136
63. Tempeh s krompirjem in zeljem.............................138
64. Južna sukotaška enolončnica................................140
65. Pečena enolončnica Jambalaya.............................142
66. Tempeh in pita iz sladkega krompirja..................144
67. Testenine, polnjene z jajčevci in tempehom........146
68. Singapurski rezanci s tempehom..........................148
69. Tempeh slanina...151
70. Špageti in T-žogice..152
71. Paglia E Fieno z grahom..155

SEITAN..157

72. Osnovni dušeni sejtan..158
73. Polnjena pečena sejtanova pečenka....................160
74. Seitanova pečenka..162
75. Večerja za zahvalni dan s skoraj eno jedjo........164
76. Seitan Milanese s pankom in limono...................166
77. Seitan v sezamovi skorjici.....................................167
78. Seitan z artičokami in olivami...............................169
79. Seitan z omako Ancho-Chipotle............................171
80. Seitan Piccata..173
81. Seitan s tremi semeni...175
82. Fajitas brez meja...177
83. Sejtan z okusom zelenega jabolka.......................179
84. Seitan in brokoli-shiitake mešanica.....................181
85. Seitanske brošete z breskvami.............................183
86. Seitan in zelenjavni ražnjiči na žaru....................185
87. Seitan En Croute..187
88. Torta s sejtanom in krompirjem.............................189

89. Rustikalna domača pita 191
90. Sejtan s špinačo in paradižnikom 193
91. Seitan in narezan krompir 195
92. Korejski rezanci Stir-Fry 197
93. Čili z rdečim fižolom, začinjen s kretenom 199
94. Jesenska enolončnica 201
95. Italijanski riž s sejtanom 203
96. Hašiš z dvema krompirjema 205
97. Seitan Enchiladas s kislo smetano 207
98. Veganska polnjena pečenka iz seitana 211
100. Kubanski sendvič s seitanom 214

ZAKLJUČEK **217**

UVOD

Če želite svoje vire beljakovin zmešati z rastlinskimi viri, ne iščite dlje kot tofu kot vegansko ali vegetarijansko možnost, ki jo je enostavno pripraviti. Tofu je prilagodljiv glede kuhanja. To je zato, ker je na voljo v različnih teksturah (odvisno od tega, koliko vode se iztisne) in je precej mehak. Ker je relativno brez okusa, se dobro ujema z drugimi okusi, ne da bi z njimi tekmoval.

Tofu, znan tudi kot fižolova skuta, je hrana, pripravljena s koagulacijo sojinega mleka in nato stiskanjem nastale skute v trdne bele bloke različne mehkobe; lahko je svilnat, mehak, čvrst, ekstra čvrst ali super čvrst. Poleg teh širokih kategorij obstaja veliko vrst tofuja. Je nežnega okusa, zato ga lahko uporabimo v slanih in sladkih jedeh. Pogosto jo začinimo ali mariniramo, da se prilega jedi in njenim okusom, zaradi gobaste teksture pa dobro vpija okuse.

Če še nikoli niste delali z njim, je kuhanje tofuja lahko zastrašujoče. A ko se o njem nekaj naučiš, ne bi moglo biti lažje dobro pripraviti tofuja! Spodaj boste našli najbolj okusne in enostavne recepte za kuhanje kot profesionalec!

Preprosti nasveti za kuhanje tofuja:

- Prepričajte se, da ste izbrali pravo teksturo. V trgovinah z živili se giblje od svilene do čvrste in ekstra čvrste. Mehak svilnat tofu bi bil moja izbira za mešanje v sladicah ali rezanje v miso juho, če pa ga postrežete kot glavno jed ali ga napolnite na sklede, boste potrebovali izjemno trdega. Ima močnejšo, gostejšo teksturo in manj vode kot druge vrste tofuja. Opomba: raje kupujem organski tofu, narejen brez gensko spremenjene soje.

- Pritisnite ga. Tofu vsebuje veliko vode in večino je boste želeli iztisniti, še posebej, če ga pečete, pečete na žaru ali cvrete. Stiskalnice za tofu so na voljo v trgovinah, vendar jih ni treba imeti. Lahko uporabite svežen knjig ali preprosto naredite to, kar počnem jaz, in ga z rokami rahlo pritisnite na kuhinjsko brisačo ali papirnate brisače. (Samo pazite, da ne pritisnete premočno, sicer se bo sesulo!)

- Začimba. To. Gor. Obstaja razlog, da se tofu zgraža, ker je medel, in to zato, ker je! Pazite, da ga dobro začinite. Lahko ga marinirate ali pripravite po receptu za hrustljavo pečen tofu.

1. Fižolova skuta z ostrigovo omako

- 8 unč fižolove skute
- 4 unče svežih gob 6 zelenih čebul
- 3 stebla zelene
- rdeča ali zelena paprika
- žlice rastlinskega olja 1/2 skodelice vode
- žlica koruznega škroba
- žlice ostrigine omake 4 žličke suhega šerija
- 4 žličke sojine omake

Fižolovo skuto narežite na 1/2 inčne kocke. Gobe očistimo in narežemo na rezine. Čebulo narežite na 1 cm velike kose. Zeleno narežite na 1/2-palčne diagonalne rezine. Popru odstranite semena in poper narežite na 1/2-palčne koščke.

V voku na močnem ognju segrejte 1 žlico olja. Na olju med nežnim mešanjem kuhajte fižolovo skuto do svetlo rjave barve 3 minute. Odstranite iz pekača.

Preostalo 1 žlico olja segrejte v voku na močnem ognju. Dodamo gobe, čebulo, zeleno in poper, med mešanjem pražimo 1 minuto.

Fižolovo skuto vrnite v vok. Rahlo premešajte, da se združi. Zmešajte vodo, koruzni škrob, ostrigino omako, šeri in sojino omako. Zmes prelijemo v voku. Kuhajte in

mešamo, dokler tekočina ne povre. Kuhajte in mešajte še 1 minuto.

2. Globoko ocvrt tofu

- 1 blok trdega tofuja
- ¼ skodelice koruznega škroba
- 4–5 skodelic olja za globoko cvrtje

Tofu odcedimo in narežemo na kocke. Premažemo s koruznim škrobom.

V segret vok dodajte olje in ga segrejte na 350°F. Ko se olje segreje, dodajte kvadratke tofuja in globoko pražite, dokler ne postanejo zlatorjavi. Odcedimo na papirnatih brisačah.

Donos 2¾ skodelice
Ta okusen in hranljiv šejk je idealen zajtrk ali popoldanski prigrizek. Za dodaten okus dodajte sezonsko jagodičevje.

3. **Fermentirana fižolova skuta s špinačo**

- 5 skodelic listov špinače
- 4 kocke fermentirane fižolove skute s čiliji
- Ščepec prahu petih začimb (manj kot ⅛ čajna žlička)
- 2 žlici olja za praženje
- 2 stroka česna, nasekljana

Špinačo blanširajte tako, da liste na kratko potopite v vrelo vodo. Temeljito odcedite.

Pretlačite fermentirane kocke tofuja in vmešajte pet začimb v prahu.

V segret vok ali ponev dodajte olje. Ko se olje segreje, dodamo česen in na kratko prepražimo, da zadiši. Dodamo špinačo in med mešanjem pražimo 1–2 minuti. V sredino voka dodamo pretlačeno fižolovo skuto in zmešamo s špinačo. Prekuhamo in vroče postrežemo.

4. Dušen tofu

- 1 funt govedine
- 4 posušene gobe
- 8 unč stisnjenega tofuja
- 1 skodelica lahke sojine omake
- ¼ skodelice temne sojine omake
- ¼ skodelice kitajskega riževega vina ali suhega šerija
- 2 žlici olja za praženje
- 2 rezini ingverja
- 2 stroka česna, nasekljana
- 2 skodelici vode
- 1 zvezdasti janež

Goveje meso narežemo na tanke rezine. Posušene gobe vsaj 20 minut namočimo v vroči vodi, da se zmehčajo. Nežno stisnite, da odstranite odvečno vodo in narežite. Tofu narežite na ½-palčne kocke. Zmešajte svetlo sojino omako, temno sojino omako, riževo vino Konjac, belo in rjavo ter pustite na stran.

V segret vok ali ponev dodajte olje. Ko se olje segreje, dodamo rezine ingverja in česen ter na kratko prepražimo, da zadiši. Dodajte goveje meso in kuhajte, dokler ne porjavi. Preden je govedina kuhana, dodamo kocke tofuja in na kratko prepražimo.

Dodajte omako in 2 skodelici vode. Dodajte zvezdasti janež. Zavremo, nato zmanjšamo ogenj in pustimo vreti. Po 1 uri dodamo posušene gobe. Kuhajte še 30 minut oziroma toliko časa, da se tekočina zmanjša. Pred serviranjem po želji odstranite zvezdasti janež.

5. **Kitajski rezanci v arašidovo-sezamovi omaki**

- 1 lb rezancev v kitajskem slogu
- 2 žlici. temno sezamovo olje
  DRESING:
- 6 žlic. arašidovega masla 1/4 skodelice vode
- 3 žlice. lahka sojina omaka 6 žlic. temna sojina omaka
- 6 žlic. tahini (sezamova pasta)
- 1/2 skodelice temnega sezamovega olja 2 žlici. šeri
- 4 žličke Rižev vinski kis 1/4 skodelice medu
- 4 srednji stroki česna, sesekljani
- 2 žlički mletega svežega ingverja
- 2-3 žlice. olje feferona (ali količino po vaši želji) 1/2 skodelice vroče vode

V ponvi na srednjem ognju zmešajte kosmiče vroče rdeče paprike in olje. Pustite, da zavre, in takoj ugasnite toploto. Naj se ohladi. Precedite v majhni stekleni posodi, ki jo lahko zaprete. Ohladite.

OKRAS:
- 1 korenček, olupljen
- 1/2 srednje trde kumare, olupljene, brez semen in juliena 1/2 skodelice praženih arašidov, grobo sesekljanih
- 2 zeleni čebuli, narezani na tanke rezine

V velikem loncu vrele vode na zmernem ognju skuhajte rezance. Kuhajte, dokler se komaj ne zmehčajo in ostanejo čvrsti. Takoj odcedite in sperite s hladno vodo, dokler se ne ohladi. Dobro odcedimo in rezance prelijemo z (2 žlici) temnega sezamovega olja, da se ne sprimejo.

ZA PRELIV: vse sestavine razen vroče vode zmešajte v mešalniku in mešajte do gladkega. Redčimo z vročo vodo do konsistence smetane za stepanje.

Za okras olupite meso korenja na kratke ostružke, dolge približno 4" (4"). Postavite v ledeno vodo za 30 minut, da se zvijejo. Tik pred serviranjem prelijte rezance z omako. Okrasite s kumaro, arašidi, zeleno čebulo in korenčkovimi zvitki. Postrezite hladno ali pri sobni temperaturi.

6. Mandarinski rezanci

- posušene kitajske gobe
- 1/2 funta svežih kitajskih rezancev 1/4 skodelice arašidovega olja
- žlica hoisin omake 1 žlica fižolove omake
- žlice riževega vina ali suhega šerija 3 žlice lahke sojine omake
- ali med
- 1/2 skodelice prihranjene tekočine za namakanje gob 1 čajna žlička čilijeve paste
- 1 žlica koruznega škroba
- 1/2 rdeče paprike - v 1/2 inčnih kockah
- 1/2 pločevinke 8 unč celih bambusovih poganjkov, narezanih na 1/2 na kocke, opranih in odcejenih 2 skodelici fižolovih kalčkov
- kapesato -- na tanke rezine

Kitajske gobe za 30 minut namočite v 1 1/4 skodelice vroče vode. Medtem ko se namakajo, zavrite 4 litre vode in kuhajte rezance 3 minute. Odcedite in premešajte z 1 žlico arašidovega olja; na stran.

Odstranite gobe; precedite in rezervirajte 1/2 skodelice tekočine za namakanje za omako. Odrežite in zavrzite stebla gob; klobuke grobo nasekljajte in odstavite.

Združite sestavine za omako v majhni skledi; na stran. Koruzni škrob raztopite v 2 žlicah hladne vode; na stran.

Vok postavite na srednje močan ogenj. Ko se začne kaditi, dodajte preostale 3 žlice arašidovega olja, nato gobe, rdečo papriko, bambusove poganjke in fižolove kalčke. Med mešanjem pražimo 2 minuti.

Premešajte omako in jo dodajte v vok ter nadaljujte z mešanjem, dokler mešanica ne začne vreti, približno 30 sekund.

Zmešajte raztopljeni koruzni škrob in ga dodajte v vok. Še naprej mešajte, dokler se omaka ne zgosti, približno 1 minuto. Dodajte rezance in premešajte, dokler se ne segrejejo, približno 2 minuti.

Prestavimo na servirni krožnik in potresemo z narezano kapesanto. Postrezite takoj

7. Fižolova skuta s fižolovo omako in rezanci

- 8 unč svežih rezancev v pekinškem slogu
- 1 12-unčni blok čvrstega tofuja
- 3 velika stebla bok choya IN 2 zeleni čebuli
- ⅓ skodelica temne sojine omake
- 2 žlici omake iz črnega fižola
- 2 žlički kitajskega riževega vina ali suhega šerija
- 2 žlički črnega riževega kisa
- ¼ čajne žličke soli
- ¼ čajne žličke čilijeve paste s česnom
- 1 čajna žlička vročega čilijevega olja (stran 23)
- ¼ čajne žličke sezamovega olja

- ½ skodelice vode
- 2 žlici olja za praženje
- 2 rezini ingverja, mletega
- 2 stroka česna, nasekljana
- ¼ sesekljane rdeče čebule

Rezance kuhajte v vreli vodi, dokler niso mehki. Temeljito odcedite. Tofu odcedimo in narežemo na kocke. Bok choy prekuhajte tako, da ga na kratko potopite v vrelo vodo in dobro odcedite. Ločite peclje in liste. Zeleno čebulo narežite diagonalno na 1-palčne rezine. Zmešajte temno sojino omako, omako iz črnega fižola, riževo vino Konjac, črni rižev kis, sol, čilijevo pasto s česnom, vroče čilijevo olje, sezamovo olje in vodo. Odložite.

V segret vok ali ponev dodajte olje. Ko se olje segreje, dodajte ingver, česen in zeleno čebulo. Na kratko prepražimo, da zadiši. Dodamo rdečo čebulo in na kratko prepražimo. Potisnite ob straneh in dodajte stebla bok choya. Dodajte liste in med mešanjem pražite, dokler bok choy ni svetlo zelen in čebula mehka. Po želji začinite s ¼ čajne žličke soli

V sredino voka dodamo omako in zavremo. Dodajte tofu. Dušimo nekaj minut, da tofu vpije omako. Dodajte rezance. Vse premešamo in vroče postrežemo.

8. Tofu, polnjen s kozicami

- ½ funta trdega tofuja
- 2 unči kuhanih kozic, olupljenih in razrezanih
- ⅛ čajna žlička soli
- Popramo po okusu
- ¼ čajne žličke koruznega škroba
- ½ skodelice piščančje juhe
- ½ čajne žličke kitajskega riževega vina ali suhega šerija
- ¼ skodelice vode
- 2 žlici ostrigine omake
- 2 žlici olja za praženje
- 1 zelena čebula, narezana na 1-palčne kose

Tofu odcedimo. Kozico operemo in osušimo s papirnatimi brisačkami. Kozice 15 minut mariniramo v soli, popru in koruznem škrobu.

Držite nož vzporedno z rezalno desko in prerežite tofu po dolžini na pol. Vsako polovico razrežite na 2 trikotnika, nato pa vsak trikotnik narežite še na 2 trikotnika. Zdaj bi morali imeti 8 trikotnikov.

Na eni strani tofuja po dolžini zarežite zarezo. V zarezo nadevajte ¼–½ čajne žličke kozic.

V segret vok ali ponev dodajte olje. Ko je olje vroče, dodajte tofu. Tofu pražimo približno 3–4 minute, pri čemer ga vsaj enkrat obrnemo in pazimo, da se ne prime dna voka. Če vam ostanejo kozice, jih dodajte v zadnji minuti kuhanja.

Dodajte piščančjo juho, riževo vino Konjac, vodo in omako iz ostrig na sredino voka. Zavremo. Ogenj zmanjšamo, pokrijemo in pustimo vreti 5–6 minut. Vmešajte zeleno čebulo. Postrezite toplo.

9. Fižolova skuta s sečuansko zelenjavo

- 7 unč (2 bloka) stisnjene fižolove skute
- ¼ skodelice konzervirane sečuanske zelenjave
- ½ skodelice piščančje juhe ali juhe
- 1 čajna žlička kitajskega riževega vina ali suhega šerija
- ½ čajne žličke sojine omake
- 4–5 skodelic olja za cvrtje

V predhodno segretem voku segrejte vsaj 4 skodelice olja na 350 °F. Medtem ko čakate, da se olje segreje, stisnjeno fižolovo skuto narežite na 1 cm velike kocke. Zelenjavo Szechwan narežemo na kocke. Zmešajte piščančjo osnovo in riževo vino ter pustite na strani.

Ko se olje segreje, dodamo kocke fižolove skute in prepražimo, dokler ne postanejo svetlo rjave. Odstranite iz voka z žlico z režami in postavite na stran.

Iz voka odstranite vse, razen 2 žlici olja. Dodajte konzervirano zelenjavo Szechwan. Med mešanjem pražimo 1–2 minuti, nato potisnemo ob stran voka. V sredino voka dodajte mešanico piščančje juhe in zavrite. Vmešajte sojino omako. Dodamo pretlačeno fižolovo skuto. Vse skupaj premešamo, dušimo nekaj minut in postrežemo vroče.

10. Dušen tofu s tremi zelenjavami

- 4 posušene gobe
- ¼ skodelice prihranjene tekočine za namakanje gob
- ⅔ skodelica svežih gob
- ½ skodelice piščančje juhe
- 1½ žlice ostrigine omake
- 1 čajna žlička kitajskega riževega vina ali suhega šerija
- 2 žlici olja za praženje
- 1 strok česna, mlet
- 1 skodelica mladega korenja, prepolovljena

- 2 žlički koruznega škroba, pomešanega s 4 žličkami vode
- ¾ funta stisnjenega tofuja, narezanega na ½-palčne kocke

Posušene gobe vsaj 20 minut namočite v vrelo vodo. Prihranite ¼ skodelice tekočine za namakanje. Posušene in sveže gobe narežemo.

Zmešajte rezervirano gobovo tekočino, piščančjo juho, omako iz ostrig in riževo vino Konjac. Odložite.

V segret vok ali ponev dodajte olje. Ko se olje segreje, dodamo česen in na kratko prepražimo, da zadiši. Dodajte korenje. Med mešanjem pražimo 1 minuto, nato dodamo gobe in med mešanjem pražimo.

Dodamo omako in zavremo. Mešanico koruznega škroba in vode premešajte in dodajte omaki ter hitro premešajte, da se zgosti.

Dodajte kocke tofuja. Vse skupaj premešamo, zmanjšamo ogenj in pustimo vreti 5-6 minut. Postrezite toplo.

11. Tofu trikotniki, polnjeni s svinjino

- ½ funta trdega tofuja
- ¼ funta mlete svinjine
- ⅛ čajna žlička soli
- Popramo po okusu
- ½ čajne žličke kitajskega riževega vina ali suhega šerija
- ½ skodelice piščančje juhe
- ¼ skodelice vode

- 2 žlici ostrigine omake
- 2 žlici olja za praženje
- 1 zelena čebula, narezana na 1-palčne kose

Tofu odcedimo. Mleto svinjino položite v srednje veliko skledo. Dodajte sol, poper in riževo vino Konjac. Svinjino mariniramo 15 minut.

Držite nož vzporedno z rezalno desko in prerežite tofu po dolžini na pol. Vsako polovico razrežite na 2 trikotnika, nato pa vsak trikotnik narežite še na 2 trikotnika. Zdaj bi morali imeti 8 trikotnikov.

Vzdolž enega od robov vsakega trikotnika tofuja zarežite zarezo. V zarezo nadevajte zvrhano ¼ čajne žličke mlete svinjine.

V segret vok ali ponev dodajte olje. Ko je olje vroče, dodajte tofu. Če imate ostanke mlete svinjine, dodajte tudi to. Tofu pražimo približno 3–4 minute, pri čemer ga vsaj enkrat obrnemo in pazimo, da se ne prime dna voka.

Dodajte piščančjo juho, vodo in omako iz ostrig na sredino voka. Zavremo. Ogenj zmanjšamo, pokrijemo in pustimo vreti 5-6 minut. Vmešajte zeleno čebulo. Postrezite toplo.

12. Brusnične palačinke s sirupom

Za 4 do 6 obrokov

1 skodelica vrele vode
½ skodelice sladkanih posušenih brusnic
½ skodelice javorjevega sirupa
¼ skodelice svežega pomarančnega soka
$1/4$ skodelice sesekljane pomaranče
1 žlica veganske margarine
1 $1/2$ skodelice večnamenske moke
1 žlica sladkorja

1 žlica pecilnega praška
½ čajne žličke soli
1 ½ skodelice sojinega mleka
¼ skodelice mehkega svilenega tofuja, odcejenega
1 žlica olja iz oljne repice ali grozdnih pečk, plus več za cvrtje

V toplotno odporni posodi prelijte brusnice z vrelo vodo in pustite, da se zmehčajo, približno 10 minut. Dobro odcedimo in odstavimo.

V majhni kozici zmešajte javorjev sirup, pomarančni sok, pomarančo in margarino ter segrevajte na majhnem ognju in mešajte, da se margarina stopi. Hraniti na toplem. Pečico segrejte na 225°F.

V veliki skledi zmešajte moko, sladkor, pecilni prašek in sol ter odstavite.

V kuhinjskem robotu ali mešalniku zmešajte sojino mleko, tofu in olje, dokler se dobro ne zmešajo.

Mokre sestavine vlijemo v posušene in z nekaj hitrimi potezami zmešamo. Zložimo zmehčane brusnice.

Na rešetki ali veliki ponvi segrejte tanko plast olja na srednje močnem ognju. Zajemajte ¼ skodelice do ⅓ skodelice

testa na vročo rešetko. Kuhajte, dokler se na vrhu ne pojavijo majhni mehurčki, 2 do 3 minute. Palačinko obrnite in pecite, dokler druga stran ne porjavi, približno 2 minuti dlje. Pečene palačinke preložimo na toplo odporen krožnik in pustimo na toplem v pečici, medtem ko pečemo ostale. Postrezite s pomarančno-javorjevim sirupom.

13. Tofu s sojino glazuro

Za 4 porcije

- 1 funt ekstra trdega tofuja, odcejen, narezan na $1/2$-palčne rezine in stisnjen
- ¼ skodelice praženega sezamovega olja
- ¼ skodelice riževega kisa
- 2 žlički sladkorja

Tofu popivnajte do suhega in ga razporedite v pekač 9 x 13 palcev ter pustite na stran.

V majhni kozici zmešajte sojino omako, olje, kis in sladkor ter zavrite. Vročo marinado prelijte na tofu in pustite, da se marinira 30 minut, ter enkrat obrnite.

Pečico segrejte na 350°F. Tofu pecite 30 minut in ga približno na polovici enkrat obrnite. Postrezite takoj ali pustite, da se ohladi na sobno temperaturo, nato pokrijte in ohladite, dokler ni potrebno.

14. Tofu na cajunski način

Za 4 porcije

- 1 funt ekstra čvrstega tofuja, odcejenega in popivnanega
- Sol
- 1 žlica in 1 čajna žlička začimbe Cajun
- 2 žlici olivnega olja
- ¼ skodelice mlete zelene paprike
- 1 žlica mlete zelene

- 2 žlici mlete zelene čebule
- 2 stroka česna, nasekljana
- 1 (14,5 unč) pločevinka paradižnika, narezanega na kocke, odcejenega
- 1 žlica sojine omake
- 1 žlica mletega svežega peteršilja

Tofu narežite na $1/2$ palca debele rezine in jih na obeh straneh potresite s soljo in 1 žlico začimbe Cajun. Odložite.

V majhni kozici na srednjem ognju segrejte 1 žlico olja. Dodajte papriko in zeleno. Pokrijte in kuhajte 5 minut. Dodajte zeleno čebulo in česen ter kuhajte nepokrito še 1 minuto. Vmešajte paradižnik, sojino omako, peteršilj, preostalo 1 čajno žličko mešanice začimb Cajun in sol po okusu. Dušimo 10 minut, da se okusi premešajo in odstavimo.

V veliki ponvi segrejte preostalo 1 žlico olja na srednje močnem ognju. Dodajte tofu in kuhajte, dokler ne porjavi na obeh straneh, približno 10 minut. Dodamo omako in dušimo 5 minut. Postrezite takoj.

15. Hrustljavi tofu s cvrčečo omako iz kaper

Za 4 porcije

- 1 funt ekstra trdega tofuja, odcejen, narezan na $^1/_4$-palčne rezine in stisnjen
- Sol in sveže mlet črni poper
- 2 žlici oljčnega olja, po potrebi še več
- 1 srednja šalotka, mleta
- 2 žlici kaper
- 3 žlice mletega svežega peteršilja
- 2 žlici veganske margarine
- Sok 1 limone

Pečico segrejte na 275°F. Tofu osušite in začinite s soljo in poprom po okusu. Koruzni škrob dajte v plitvo skledo. Tofu potopite v koruzni škrob in ga premažite z vseh strani.

V veliki ponvi na srednjem ognju segrejte 2 žlici olja. Dodajte tofu, po potrebi v serijah, in kuhajte do zlato rjave barve na obeh straneh, približno 4 minute na stran. Ocvrt tofu prenesite na toplotno odporen krožnik in ga hranite na toplem v pečici.

V isti ponvi na zmernem ognju segrejte preostalo 1 žlico olja. Dodamo šalotko in kuhamo, dokler se ne zmehča, približno 3 minute. Dodajte kapre in peteršilj ter kuhajte 30 sekund, nato vmešajte margarino, limonin sok ter sol in poper po okusu ter mešajte, da se stopi in vključi margarina. Tofu prelijemo s kaprovo omako in takoj postrežemo.

16. Podeželsko ocvrt tofu z zlato omako

Za 4 porcije

- 1 funt ekstra trdega tofuja, odcejen, narezan na $1/2$-palčne rezine in stisnjen
- Sol in sveže mlet črni poper
- ⅓ skodelice koruznega škroba
- 2 žlici olivnega olja
- 1 srednje sladka rumena čebula, sesekljana
- 2 žlici večnamenske moke
- 1 čajna žlička posušenega timijana
- ⅛ čajne žličke kurkume
- 1 skodelica zelenjavne juhe, domače (glejte Lahka zelenjavna juha) ali kupljene v trgovini
- 1 žlica sojine omake

- 1 skodelica kuhane ali konzervirane čičerike, odcejene in oprane
- 2 žlici mletega svežega peteršilja za okras

Tofu osušite in začinite s soljo in poprom po okusu. Koruzni škrob dajte v plitvo skledo. Tofu potopite v koruzni škrob in ga premažite z vseh strani. Pečico segrejte na 250°F.

V veliki ponvi na srednjem ognju segrejte 2 žlici olja. Dodajte tofu, po potrebi v serijah, in kuhajte do zlato rjave barve na obeh straneh, približno 10 minut. Ocvrt tofu prenesite na toplotno odporen krožnik in ga hranite na toplem v pečici.

V isti ponvi na zmernem ognju segrejte preostalo 1 žlico olja. Dodajte čebulo, pokrijte in kuhajte, dokler se ne zmehča, 5 minut. Odkrijte in zmanjšajte toploto na nizko. Vmešajte moko, timijan in kurkumo ter med stalnim mešanjem kuhajte 1 minuto. Počasi vmešajte juho, nato pa sojino mleko in sojino omako. Dodamo čičeriko in po okusu začinimo s soljo in poprom. Nadaljujte s kuhanjem, pogosto mešajte 2 minuti. Prenesite v mešalnik in obdelajte, dokler ne postane gladka in kremasta. Vrnite se v ponev in segrevajte, dokler ni vroče, dodajte še malo juhe, če je omaka pregosta. Omako prelijemo po tofuju in potresemo s peteršiljem. Postrezite takoj.

17. Pomarančno glazirani tofu in šparglji

Za 4 porcije

- 2 žlici mirina
- 1 žlica koruznega škroba
- 1 (16 unč) paket ekstra trdega tofuja, odcejenega in narezanega na $^1/_4$-palčne trakove
- 2 žlici sojine omake
- 1 čajna žlička praženega sezamovega olja
- 1 čajna žlička sladkorja
- $^1/_4$ čajne žličke azijske čilijeve paste
- 2 žlici olja iz kanole ali grozdnih pečk
- 1 strok česna, mlet
- ½ čajne žličke mletega svežega ingverja
- 5 unč tankih špargljev, trde konce obrezane in narezane na 1 $^1/_2$-palčne kose

V plitvi skledi zmešajte mirin in koruzni škrob ter dobro premešajte. Dodajte tofu in ga nežno premešajte. Postavite na stran, da se marinira 30 minut.

V majhni skledi zmešajte pomarančni sok, sojino omako, sezamovo olje, sladkor in čilijevo pasto. Odložite.

V veliki ponvi ali voku na srednjem ognju segrejte olje ogrščice. Dodajte česen in ingver ter med mešanjem pražite, dokler ne zadiši, približno 30 sekund. Dodajte mariniran tofu in šparglje ter med mešanjem pražite, dokler tofu ne postane zlato rjav in se špargljiravno zmehčajo, približno 5 minut. Primešamo omako in kuhamo še približno 2 minuti. Postrezite takoj.

18. Tofu pizzaiola

Za 4 porcije

- 2 žlici olivnega olja
- 1 (16 unč) paket zelo trdega tofuja, odcejen, narezan na $^1/_2$-palčne rezine in stisnjen (glejte Lahka zelenjavna juha)
- Sol
- 3 stroki česna, sesekljani
- 1 (14,5 unč) pločevinka paradižnika, narezanega na kocke, odcejenega
- ¼ skodelice v olju polnjenih posušenih paradižnikov, narezanih na ¼- palčne trakove
- 1 žlica kaper
- 1 čajna žlička posušenega origana

- ½ čajne žličke sladkorja
- Sveže mleti črni poper
- 2 žlici mletega svežega peteršilja za okras

Pečico segrejte na 275°F. V veliki ponvi na srednjem ognju segrejte 1 žlico olja. Dodajte tofu in kuhajte do zlato rjave barve na obeh straneh, enkrat obrnite, približno 5 minut na stran. Tofu potresemo s soljo po okusu. Ocvrt tofu prenesite na toplotno odporen krožnik in ga hranite na toplem v pečici.

V isti ponvi na zmernem ognju segrejte preostalo 1 žlico olja. Dodajte česen in kuhajte, dokler se ne zmehča, približno 1 minuto. Ne porjavi. Primešamo na kocke narezan paradižnik, sušene paradižnike, olive in kapre. Dodajte origano, sladkor ter sol in poper po okusu. Kuhajte, dokler se omaka ne segreje in se okusi dobro povežejo, približno 10 minut. Ocvrte rezine tofuja prelijemo z omako in potresemo s peteršiljem. Postrezite takoj.

19. Tofu "Ka-Pow".

Za 4 porcije

- 1 funt ekstra trdega tofuja, odcejen, popivnan in narezan na 1-palčne kocke
- Sol
- 2 žlici koruznega škroba
- 2 žlici sojine omake
- 1 žlica vegetarijanske omake iz ostrig

- 2 čajni žlički Nothin' Fishy Nam Pla ali 1 čajna žlička riževega kisa
- 1 čajna žlička svetlo rjavega sladkorja
- ½ čajne žličke zdrobljene rdeče paprike
- 2 žlici olja iz kanole ali grozdnih pečk
- 1 srednje sladka rumena čebula, prepolovljena in narezana na $1/2$-palčne rezine
- srednje velika rdeča paprika, narezana na $1/4$-palčne rezine
- zelena čebula, sesekljana
- $1/2$ skodelice listov tajske bazilike

V srednje veliki skledi zmešajte tofu, sol po okusu in koruzni škrob. Premešajte, da se prekrije in postavite na stran.

V majhni skledi zmešajte sojino omako, omako iz ostrig, nam pla, sladkor in zdrobljeno rdečo papriko. Dobro premešajte, da se združi in odstavite.

V veliki ponvi segrejte 1 žlico olja na srednje močnem ognju. Dodajte tofu in kuhajte do zlato rjave barve, približno 8 minut. Odstranite iz ponve in postavite na stran.

V isti ponvi na zmernem ognju segrejte preostalo 1 žlico olja. Dodajte čebulo in papriko ter med mešanjem pražite, dokler se ne zmehčata, približno 5 minut. Dodajte zeleno čebulo in kuhajte še 1 minuto. Vmešajte ocvrt tofu, omako in baziliko ter med mešanjem pražite, dokler ni vroče, približno 3 minute. Postrezite takoj.

20. Tofu na sicilijanski način

Za 4 porcije

- 2 žlici olivnega olja
- 1 funt ekstra trdega tofuja, odcejen, narezan na $^1/_4$ - palčne rezine in stisnjen Sol in sveže mlet črni poper
- 1 majhna rumena čebula, sesekljana
- 2 stroka česna, nasekljana
- 1 (28 unč) pločevinka paradižnika, narezanega na kocke, odcejenega
- ¼ skodelice suhega belega $_{vina}$
- $^1/_4$ čajne žličke zdrobljene rdeče paprike
- $^1/_3$ skodelice izkoščičenih oliv Kalamata
- 1 $^1/_2$ žlici kaper

- 2 žlici sesekljane sveže bazilike ali 1 čajna žlička posušene (neobvezno)

Pečico segrejte na 250°F. V veliki ponvi na srednjem ognju segrejte 1 žlico olja. Dodajte tofu, po potrebi v serijah, in kuhajte do zlato rjave barve na obeh straneh, 5 minut na stran. Po okusu začinimo s soljo in črnim poprom. Kuhan tofu prenesite na toplotno odporen krožnik in ga hranite na toplem v pečici, medtem ko pripravljate omako.

V isti ponvi na zmernem ognju segrejte preostalo 1 žlico olja. Dodajte čebulo in česen, pokrijte in kuhajte, dokler se čebula ne zmehča, 10 minut. Dodamo paradižnik, vino in mleto rdečo papriko. Zavremo, nato zmanjšamo ogenj na nizko in pustimo vreti brez pokrova 15 minut. Primešamo olive in kapre. Kuhajte še 2 minuti.

Tofu razporedite po krožniku ali posameznih krožnikih. Z žlico prelijemo omako. Potresemo s svežo baziliko, če jo uporabljamo. Postrezite takoj.

21. Thai-Phoon Stir-Fry

Za 4 porcije

- 1 funt ekstra čvrstega tofuja, odcejenega in potlačenega dr
- 2 žlici olja iz kanole ali grozdnih pečk
- srednje velika šalotka, prepolovljena po dolžini in narezana na $1/8$-palčne rezine
- 2 stroka česna, nasekljana
- 2 žlički naribanega svežega ingverja
- 3 unče klobučkov belih gob, rahlo opranih, popivnanih in narezanih na $1/2$-palčne rezine
- 1 žlica kremastega arašidovega masla
- 2 žlički svetlo rjavega sladkorja
- 1 čajna žlička azijske čilijeve paste

- 2 žlici sojine omake
- 1 žlica mirina
- 1 (13,5 unč) pločevinka nesladkanega kokosovega mleka
- 6 unč sesekljane sveže špinače
- 1 žlica praženega sezamovega olja
- Sveže kuhan riž ali rezanci za postrežbo
- 2 žlici drobno sesekljane sveže tajske bazilike ali cilantra
- 2 žlici zdrobljenih nesoljenih praženih arašidov
- 2 žlički mletega kristaliziranega ingverja (neobvezno)

Tofu narežite na $1/2$-palčne kocke in odstavite. V veliki ponvi segrejte 1 žlico olja srednje visoka vročina. Dodajte tofu in med mešanjem pražite do zlato rjave barve, približno 7 minut. Odstranite tofu iz ponve in ga postavite na stran.

V isti ponvi na zmernem ognju segrejte preostalo 1 žlico olja. Dodajte šalotko, česen, ingver in gobe ter med mešanjem pražite, dokler se ne zmehčajo, približno 4 minute.

Zmešajte arašidovo maslo, sladkor, čilijevo pasto, sojino omako in mirin. Vmešajte kokosovo mleko in mešajte, dokler ni dobro premešano. Dodamo popražen tofu in špinačo ter zavremo. Zmanjšajte ogenj na srednje nizko in med občasnim mešanjem kuhajte, dokler špinača ne oveni in se okusi dobro premešajo, 5 do 7 minut. Primešamo sezamovo olje in dušimo še eno minuto. Za serviranje dodajte mešanico tofuja na izbrani riž ali rezance in po vrhu dodajte kokos, baziliko, arašide in kristaliziran ingver, če ga uporabljate. Postrezite takoj.

22. Pečen tofu, pobarvan s čipi

Za 4 porcije

- 2 žlici sojine omake
- 2 konzervirana chipotle čilija v adobo
- 1 žlica oljčnega olja
- 1 funt ekstra trdega tofuja, odcejen, narezan na 1/2 palca debele rezine in stisnjen (glejte Lahka zelenjavna juha)

Pečico segrejte na 375°F. Pekač 9 x 13 palcev rahlo naoljite in postavite na stran.

V kuhinjskem robotu zmešajte sojino omako, čips in olje ter obdelajte, dokler se ne zmešajo. Zmes strgajte v majhno skledo.

S čopičem premažite rezine tofuja na obeh straneh rezin tofuja in jih razporedite v eno plast v pripravljen pekač. Pečemo do vročine, približno 20 minut. Postrezite takoj.

23. Tofu na žaru s tamarindovo glazuro

Za 4 porcije

- 1 funt ekstra čvrstega tofuja, odcejenega in popivnanega
- Sol in sveže mlet črni poper
- 2 žlici olivnega olja
- 2 srednji šalotki, mleti
- 2 stroka česna, nasekljana
- 2 zrela paradižnika, grobo narezana
- 2 žlici kečapa
- ¼ skodelice vode
- 2 žlici dijonske gorčice
- 1 žlica temno rjavega sladkorja
- 2 žlici agavinega nektarja
- 2 žlici koncentrata tamarinde
- 1 žlica temne melase

- $1/2$ čajne žličke mletega kajenskega lista
- 1 žlica dimljene paprike
- 1 žlica sojine omake

Tofu narežite na 1-palčne rezine, začinite s soljo in poprom po okusu ter odložite v plitek pekač.

V večji kozici na srednjem ognju segrejte olje. Dodamo šalotko in česen ter pražimo 2 minuti. Dodajte vse preostale sestavine, razen tofuja. Ogenj zmanjšamo na nizko in pustimo vreti 15 minut. Zmes prenesite v mešalnik ali kuhinjski robot in mešajte, dokler ni gladka. Vrnite se v ponev in kuhajte še 15 minut, nato pa odstavite, da se ohladi. Omako prelijemo čez tofu in postavimo v hladilnik za vsaj 2 uri. Predgrejte žar ali brojler.

Mariniran tofu spečemo na žaru in ga enkrat obrnemo, da se segreje in na obeh straneh lepo zapeče. Medtem ko se tofu peče, ponovno segrejte marinado v ponvi. Odstranite tofu z žara, vsako stran namažite s tamarindovo omako in takoj postrezite.

24. Tofu, polnjen z vodno krešo

Za 4 porcije

- 1 funt ekstra čvrstega tofuja, odcejen, narezan na ¾-palčne rezine in stisnjen (glejte Lahka zelenjavna juha)
- Sol in sveže mlet črni poper
- 1 majhen šopek vodne kreše, ki mu odstranite trda stebla in jih nasekljate
- 2 zrela češpljeva paradižnika, narezana
- ½ skodelice mlete zelene čebule
- 2 žlici mletega svežega peteršilja
- 2 žlici mlete sveže bazilike
- 1 čajna žlička mletega česna
- 2 žlici olivnega olja
- 1 žlica balzamičnega kisa
- Ščepec sladkorja
- ½ skodelice večnamenske moke

- ½ skodelice vode
- 1 ¹/₂ skodelice suhih nezačinjenih krušnih drobtin

Na vsaki rezini tofuja zarežite dolg globok žep in ga položite na pekač. Po okusu začinimo s soljo in poprom ter odstavimo.

V veliki skledi zmešajte vodno krešo, paradižnik, zeleno čebulo, peteršilj, baziliko, česen, 2 žlici olja, kis, sladkor ter sol in poper po okusu. Mešajte, dokler se dobro ne združi, nato pa mešanico previdno nadevajte v žepke tofuja.

V plitvo skledo dajte moko. Vodo nalijte v ločeno plitvo skledo. Krušne drobtine položite na velik krožnik. Tofu potopite v moko, nato ga previdno potopite v vodo, nato pa ga potopite v krušne drobtine in dobro premažite.

V veliki ponvi na srednjem ognju segrejte preostali 2 žlici olja. Dodajte polnjen tofu v ponev in kuhajte do zlato rjave barve, enkrat obrnite, 4 do 5 minut na stran. Postrezite takoj.

25. Tofu s pistacijo in granatnim jabolkom

Za 4 porcije

- 1 funt ekstra trdega tofuja, odcejen, narezan na $^1/_4$-palčne rezine in stisnjen (glejte Lahka zelenjavna juha)
- Sol in sveže mlet črni poper
- 2 žlici olivnega olja
- ½ skodelice soka granatnega jabolka
- 1 žlica balzamičnega kisa
- 1 žlica svetlo rjavega sladkorja
- 2 zeleni čebuli, mleto
- 1/2 skodelice nesoljenih oluščenih pistacij, grobo sesekljanih
- Tofu po okusu začinimo s soljo in poprom.

V večji ponvi na srednjem ognju segrejte olje. Dodajte rezine tofuja, po potrebi v serijah, in kuhajte, dokler rahlo ne porjavijo, približno 4 minute na stran. Odstranite iz ponve in postavite na stran.

V isto ponev dodajte sok granatnega jabolka, kis, sladkor in zeleno čebulo ter dušite na srednjem ognju 5 minut. Dodajte polovico pistacij in kuhajte, dokler se omaka rahlo ne zgosti, približno 5 minut.

Ocvrt tofu vrnite v ponev in kuhajte, dokler se ne segreje, približno 5 minut, pri čemer omako zalivajte po tofuju, ko zavre. Postrezite takoj, potreseno s preostalimi pistacijami.

26. Spice Island Tofu

Za 4 porcije

- ½ skodelice koruznega škroba
- ½ čajne žličke mletega svežega timijana ali ¼ čajne žličke posušenega
- ½ čajne žličke mletega svežega majarona ali ¼ čajne žličke posušenega
- ½ čajne žličke soli
- $1/4$ čajne žličke mletega kajenskega lista
- ¼ čajne žličke sladke ali prekajene paprike
- $1/4$ čajne žličke svetlo rjavega sladkorja
- $1/8$ čajne žličke mletega pimenta
- 1 funt ekstra trdega tofuja, odcejen in narezan na $1/2$-palčne trakove
- 2 žlici olja iz kanole ali grozdnih pečk
- 1 srednje velika rdeča paprika, narezana na $1/4$-palčne trakove
- 2 zeleni čebuli, sesekljani
- 1 strok česna, mlet
- 1 jalapeño, brez semen in zmlet

- 2 zrela češpljeva paradižnika, brez semen in narezana
- 1 skodelica narezanega svežega ali konzerviranega ananasa
- 2 žlici sojine omake
- ¼ skodelice vode
- 2 žlički svežega limetinega soka
- 1 žlica mletega svežega peteršilja za okras

V plitvi skledi zmešajte koruzni škrob, timijan, majaron, sol, kajenski list, papriko, sladkor in piment. Dobro premešamo. Tofu potopite v mešanico začimb in ga premažite z vseh strani. Pečico segrejte na 250°F.

V veliki ponvi na srednjem ognju segrejte 2 žlici olja. Dodajte izkopan tofu, po potrebi v serijah in kuhajte do zlato rjave barve, približno 4 minute na stran. Ocvrt tofu prenesite na toplotno odporen krožnik in ga hranite na toplem v pečici.

V isti ponvi na zmernem ognju segrejte preostalo 1 žlico olja. Dodajte papriko, zeleno čebulo, česen in jalapeño. Pokrijte in kuhajte, občasno premešajte, dokler se ne zmehča, približno 10 minut. Dodajte paradižnik, ananas, sojino omako, vodo in limetin sok ter kuhajte približno 5 minut, dokler ni mešanica vroča in se okusi premešajo. Z žlico prelijte zelenjavno mešanico ocvrt tofu. Potresemo z mletim peteršiljem in takoj postrežemo.

27. Ingverjev tofu s citrusno-hoisin omako

Za 4 porcije

- 1 funt ekstra trdega tofuja, odcejenega, popivnanega in narezanega na $^1/_2$-palčne kocke
- 2 žlici sojine omake
- 2 žlici plus 1 čajna žlička koruznega škroba
- 1 žlica in 1 čajna žlička olja iz oljne repice ali grozdnih pešk
- 1 čajna žlička praženega sezamovega olja
- 2 žlički naribanega svežega ingverja
- zelena čebula, mleto
- $^1/_3$ skodelice hoisin omake
- ½ skodelice zelenjavne juhe, domače (glejte Lahka zelenjavna juha) ali kupljene v trgovini
- ¼ skodelice svežega pomarančnega soka
- 1 $^1/_2$ žlici svežega limetinega soka

- 1 $^1/_2$ žlici svežega limoninega soka
- Sol in sveže mlet črni poper

Tofu dajte v plitvo skledo. Dodajte sojino omako in jo premešajte, nato pa potresite z 2 žlicama koruznega škroba in premešajte.

V veliki ponvi na srednjem ognju segrejte 1 žlico olja oljne repice. Dodajte tofu in kuhajte do zlato rjave barve, občasno obrnite, približno 10 minut. Odstranite tofu iz ponve in ga odstavite.

V isti ponvi na srednjem ognju segrejte preostalo 1 čajno žličko repičnega olja in sezamovo olje. Dodajte ingver in zeleno čebulo ter kuhajte, dokler ne zadiši, približno 1 minuto. Vmešajte hoisin omako, juho in pomarančni sok ter zavrite. Kuhajte, dokler se tekočina nekoliko ne zmanjša in se okusi ne stopijo, približno 3 minute. V majhni skledi zmešajte preostalo 1 čajno žličko koruznega škroba z limetinim sokom in limoninim sokom ter dodajte omaki in mešajte, da se nekoliko zgosti. Začinimo s soljo in poprom po okusu.

Ocvrt tofu vrnite v ponev in kuhajte, dokler ni prekrit z omako in segret. Postrezite takoj.

28. Tofu z limonsko travo in snežnim grahom

Za 4 porcije

- 2 žlici olja iz kanole ali grozdnih pečk
- 1 srednje velika rdeča čebula, prepolovljena in na tanko narezana
- 2 stroka česna, nasekljana
- 1 čajna žlička naribanega svežega ingverja
- 1 funt ekstra trdega tofuja, odcejen in narezan na $^1/_2$-palčne kocke
- 2 žlici sojine omake
- 1 žlica mirina ali sakeja
- 1 čajna žlička sladkorja

- ½ čajne žličke zdrobljene rdeče paprike
- 4 unče snežnega graha, obrezanega
- 1 žlica mlete limonske trave ali lupinice 1 limone
- 2 žlici grobo mletih nesoljenih praženih arašidov, za okras

V veliki ponvi ali voku segrejte olje na srednje močnem ognju. Dodamo čebulo, česen in ingver ter med mešanjem pražimo 2 minuti. Dodajte tofu in kuhajte do zlato rjave barve, približno 7 minut.

Vmešajte sojino omako, mirin, sladkor in zdrobljeno rdečo papriko. Dodajte snežni grah in limonsko travo ter med mešanjem pražite, dokler snežni grah ne postane hrustljav in se okusi dobro premešajo, približno 3 minute. Okrasite z arašidi in takoj postrezite.

29. Dvojni sezamov tofu s tahinijevo omako

Za 4 porcije

- ½ skodelice tahinija (sezamove paste)
- 2 žlici svežega limoninega soka
- 2 žlici sojine omake
- 2 žlici vode
- $1/4$ skodelice belega sezama
- $1/4$ skodelice črnega sezama
- ½ skodelice koruznega škroba
- 1 funt ekstra trdega tofuja, odcejenega, popivnanega in narezanega na $1/2$-palčne trakove
- Sol in sveže mlet črni poper
- 2 žlici olja iz kanole ali grozdnih pečk

V majhni skledi zmešajte tahini, limonin sok, sojino omako in vodo ter premešajte, da se dobro premešajo. Odložite.

V plitvi skledi zmešajte bela in črna sezamova semena ter koruzni škrob in premešajte. Tofu po okusu začinimo s soljo in poprom. Odložite.

V večji ponvi na srednjem ognju segrejte olje. Tofu potopite v mešanico sezamovih semen, dokler ni dobro prevlečen, nato dodajte v vročo ponev in kuhajte, dokler ne porjavi in postane hrustljav, po potrebi jih obrnite, 3 do 4 minute na vsako stran. Pazimo, da se semena ne zažgejo. Prelijemo s tahinijevo omako in takoj postrežemo.

30. Tofu in enolončnica Edamame

Za 4 porcije

- 2 žlici olivnega olja
- 1 srednje velika rumena čebula, sesekljana
- ½ skodelice sesekljane zelene
- 2 stroka česna, nasekljana
- 2 srednje velika krompirja Yukon Gold, olupljena in narezana na $1/2$-palčne kocke
- 1 skodelica oluščenega svežega ali zamrznjenega edamama
- 2 skodelici olupljenih in na kocke narezanih bučk
- ½ skodelice zamrznjenega mladega graha
- 1 čajna žlička posušene slane
- $1/2$ žličke zdrobljenega posušenega žajblja
- $1/8$ čajne žličke mletega kajenskega lista

- 1 $1/2$ skodelice zelenjavne juhe, domače (glejte Lahka zelenjavna juha) ali kupljene v trgovini Sol in sveže mlet črni poper
- 1 funt ekstra trdega tofuja, odcejen, popivnan in narezan na $1/2$-palčne kocke
- 2 žlici mletega svežega peteršilja

V veliki ponvi segrejte 1 žlico olja na srednjem ognju. Dodajte čebulo, zeleno in česen. Pokrijte in kuhajte, dokler se ne zmehča, približno 10 minut. Vmešajte krompir, edamam, bučke, grah, slano, žajbelj in kajenski pekoč list. Prilijemo juho in zavremo. Zmanjšajte ogenj na nizko ter začinite s soljo in poprom po okusu. Pokrijte in dušite, dokler se zelenjava ne zmehča in se okusi premešajo, približno 40 minut.

V veliki ponvi segrejte preostalo 1 žlico olja na srednje močnem ognju. Dodajte tofu in kuhajte do zlato rjave barve, približno 7 minut. Po okusu začinimo s soljo in poprom ter odstavimo. Približno 10 minut preden je enolončnica kuhana dodamo popražen tofu in peteršilj. Okusite, po potrebi prilagodite začimbe in takoj postrezite.

31. Sojino-rjavi sanjski kotleti

Za 6 obrokov

- 10 unč trdega tofuja, odcejenega in zdrobljenega
- 2 žlici sojine omake
- ¼ čajne žličke sladke paprike
- $1/4$ čajne žličke čebule v prahu
- $1/4$ čajne žličke česna v prahu
- $1/4$ čajne žličke sveže mletega črnega popra
- 1 skodelica pšenične glutenske moke (vitalnega pšeničnega glutena)
- 2 žlici olivnega olja

V kuhinjskem robotu zmešajte tofu, sojino omako, papriko, čebulo v prahu, česen v prahu, poper in moko. Procesirajte, dokler se dobro ne premeša. Zmes preložimo na ravno delovno površino in oblikujemo valj. Zmes razdelite na 6 enakih kosov in jih sploščite v zelo tanke kotlete, debele največ $^{1/4}{}_{palca}$. (Če želite to narediti, položite vsak kotlet med dva kosa povoščenega papirja, folije ali pergamentnega papirja in ga razvaljajte z valjarjem.)

V večji ponvi na srednjem ognju segrejte olje. Dodajte kotlete, po potrebi v serijah, pokrijte in kuhajte, dokler lepo ne porjavijo na obeh straneh, 5 do 6 minut na stran. Kotleti so zdaj pripravljeni za uporabo v receptih ali pa jih takoj postrežemo, prelite z omako.

32. Moja nekakšna mesna štruca

Za 4 do 6 obrokov

- 2 žlici olivnega olja
- $^{2/3}$ skodelice mlete čebule
- 2 stroka česna, nasekljana
- 1 funt ekstra čvrstega tofuja, odcejenega in popivnanega

- 2 žlici kečapa
- 2 žlici tahinija (sezamove paste) ali kremastega arašidovega masla
- 2 žlici sojine omake
- ½ skodelice mletih orehov
- 1 skodelica staromodnega ovsa
- 1 skodelica pšenične glutenske moke (vitalnega pšeničnega glutena)
- 2 žlici mletega svežega peteršilja
- ½ čajne žličke soli
- ½ čajne žličke sladke paprike
- ¼ čajne žličke sveže mletega črnega popra

Pečico segrejte na 375°F. Rahlo naoljite 9-palčni pekač za štruce in ga postavite na stran. V veliki ponvi na srednjem ognju segrejte 1 žlico olja. Dodajte čebulo in česen, pokrijte in kuhajte, dokler se ne zmehčata, 5 minut.

V sekljalniku zmešajte tofu, kečap, tahini in sojino omako ter jih premešajte do gladkega. Dodajte prihranjeno mešanico čebule in vse preostale sestavine. Mešajte, dokler se dobro ne združi, vendar ostane nekaj teksture.

Zmes strgajte v pripravljen pekač. Zmes trdno pritisnite v pekač in zgladite vrh. Pečemo do čvrste in zlato rjave barve, približno 1 uro. Pred rezanjem pustite stati 10 minut.

33. Zelo vaniljev francoski toast

Za 4 porcije

1 (12 unč) paket čvrstega svilenega tofuja, odcejenega
1 $^1/_2$ skodelice sojinega mleka
2 žlici koruznega škroba
1 žlica olja iz kanole ali grozdnih pečk
2 žlički sladkorja
1 $^1/_2$ čajni žlički čistega vanilijevega ekstrakta
$^1/_4$ čajne žličke soli
4 rezine dan starega italijanskega kruha
Olje iz kanole ali grozdnih pečk, za cvrtje

Pečico segrejte na 225°F. V mešalniku ali kuhinjskem robotu zmešajte tofu, sojino mleko, koruzni škrob, olje, sladkor, vanilijo in sol ter mešajte do gladkega.

Testo vlijemo v plitvo skledo in pomočimo kruh v testo ter ga obrnemo, da obloži obe strani.

Na rešetki ali veliki ponvi segrejte tanko plast olja na zmernem ognju. Francoski toast položite na vročo rešetko in pecite do zlato rjave barve na obeh straneh, enkrat obrnite, 3 do 4 minute na vsako stran.

Kuhan francoski toast prenesite na toplotno odporen krožnik in ga hranite na toplem v pečici, medtem ko preostanek pečete.

34. Sezamovo-sojin namaz za zajtrk

Naredi približno 1 skodelico

$^1/_2$ skodelice mehkega tofuja, odcejenega in popivnanega
2 žlici tahinija (sezamove paste)
2 žlici prehranskega kvasa
1 žlica svežega limoninega soka
2 žlički lanenega olja
1 čajna žlička praženega sezamovega olja
½ čajne žličke soli

V blenderju ali kuhinjskem robotu zmešajte vse sestavine in mešajte do gladkega. Mešanico strgajte v majhno skledo, pokrijte in postavite v hladilnik za nekaj ur, da poglobite okus. Pravilno shranjen bo obstojen do 3 dni.

35. Radiatore z omako Aurora

Za 4 porcije

- 1 žlica olivnega olja
- 3 stroki česna, sesekljani
- 3 zelene čebule, mleto
- (28 unč) lahko zdrobljen paradižnik
- 1 čajna žlička posušene bazilike
- ½ čajne žličke posušenega majarona
- 1 čajna žlička soli

- $1/4$ čajne žličke sveže mletega črnega popra
- $1/3$ skodelice veganskega kremnega sira ali odcejenega mehkega tofuja
- 1 funt radiatore ali druge majhne, oblikovane testenine
- 2 žlici mletega svežega peteršilja za okras

V večji kozici na srednjem ognju segrejte olje. Dodajte česen in zeleno čebulo ter kuhajte 1 minuto, dokler ne zadiši. Vmešajte paradižnik, baziliko, majaron, sol in poper. Omako zavremo, nato zmanjšamo ogenj in pustimo vreti 15 minut, občasno premešamo.

V kuhinjskem robotu zmešajte kremni sir do gladkega. Dodajte 2 skodelici paradižnikove omake in mešajte, dokler ni gladka. Mešanico tofuja in paradižnika postrgajte nazaj v ponev s paradižnikovo omako in premešajte, da se premeša. Okusite, po potrebi prilagodite začimbe. Hraniti na nizkem ognju.

V velikem loncu z vrelo slano vodo kuhajte testenine na srednje močnem ognju, občasno premešajte, dokler niso al dente, približno 10 minut. Dobro odcedimo in prestavimo v veliko servirno skledo. Dodajte omako in nežno premešajte, da se združi. Potresemo s peteršiljem in takoj postrežemo.

36. Klasična tofu lazanja

Za 6 obrokov

- 12 unč rezancev za lazanjo
- 1 funt trdega tofuja, odcejenega in zdrobljenega
- 1 funt mehkega tofuja, odcejenega in zdrobljenega
- 2 žlici prehranskega kvasa
- 1 čajna žlička svežega limoninega soka
- 1 čajna žlička soli
- $1/4$ čajne žličke sveže mletega črnega popra

- 3 žlice mletega svežega peteršilja
- ½ skodelice veganskega parmezana ali parmazija
- 4 skodelice marinara omake, domače (glejte Marinara omaka) ali kupljene v trgovini

V loncu z vrelo slano vodo kuhajte rezance na srednje močnem ognju, občasno premešajte, dokler niso al dente, približno 7 minut. Pečico segrejte na 350°F. V veliki skledi zmešajte čvrst in mehak tofu. Dodajte prehranski kvas, limonin sok, sol, poper, peteršilj in 1/4 skodelice parmezana. Mešajte, dokler se dobro ne poveže.

Na dno pekača velikosti 9 x 13 palcev nanesite plast paradižnikove omake. Na vrh položite plast kuhanih rezancev. Polovico mešanice tofuja enakomerno razporedite po rezancih. Ponovite z drugo plastjo rezancev, ki ji sledi plast omake. Preostalo mešanico tofuja razporedite po vrhu omake in zaključite s končno plastjo rezancev in omake. Potresemo s preostalo 1/4 skodelice parmezana . Če kaj omake ostane, jo prihranimo in vročo postrežemo v skledi poleg lazanje.

Pokrijte s folijo in pecite 45 minut. Odstranite pokrov in pecite še 10 minut. Pred serviranjem pustite stati 10 minut.

37. Rdeča blitva in špinačna lazanja

Za 6 obrokov

- 12 unč rezancev za lazanjo
- 1 žlica oljčnega olja
- 2 stroka česna, nasekljana
- 8 unč sveže rdeče blitve, ki ji odstranimo trda stebla in jih grobo nasekljamo
- 9 unč sveže mlade špinače, grobo sesekljane
- 1 funt trdega tofuja, odcejenega in zdrobljenega
- 1 funt mehkega tofuja, odcejenega in zdrobljenega
- 2 žlici prehranskega kvasa
- 1 čajna žlička svežega limoninega soka
- 2 žlici mletega svežega ploščatega peteršilja
- 1 čajna žlička soli
- $1/4$ čajne žličke sveže mletega črnega popra

- 3 $^{1/2}$ skodelice omake marinara, domače ali kupljene v trgovini

V loncu z vrelo slano vodo kuhajte rezance na srednje močnem ognju, občasno premešajte, dokler niso al dente, približno 7 minut. Pečico segrejte na 350°F.

V večji kozici na srednjem ognju segrejte olje. Dodamo česen in kuhamo, da zadiši. Dodajte blitvo in med mešanjem kuhajte, dokler ne oveni, približno 5 minut. Dodajte špinačo in nadaljujte s kuhanjem, mešajte, dokler ne oveni, še približno 5 minut. Pokrijte in kuhajte do mehkega, približno 3 minute. Odkrijte in postavite na stran, da se ohladi. Ko se dovolj ohladi za rokovanje, iz zelenja odcedite vso preostalo vlago in ga pritisnite z veliko žlico, da iztisnete odvečno tekočino. Zelenje položite v veliko skledo. Dodajte tofu, prehranski kvas, limonin sok, peteršilj, sol in poper. Mešajte, dokler se dobro ne poveže.

Na dno 9 x 13-palčnega pekača nanesite plast paradižnikove omake. Na vrh položite plast rezancev. Polovico mešanice tofuja enakomerno razporedite po rezancih. Ponovite z drugo plastjo rezancev in plastjo omake. Preostalo mešanico tofuja razporedite po vrhu omake in zaključite s končno plastjo rezancev, omake in vrh s parmezanom.

Pokrijte s folijo in pecite 45 minut. Odstranite pokrov in pecite še 10 minut. Pred serviranjem pustite stati 10 minut.

38. Pražena zelenjavna lazanja

Za 6 obrokov

- 1 srednja bučka, narezana na $^1/_4$-palčne rezine
- 1 srednji jajčevec, narezan na $^1/_4$-palčne rezine
- 1 srednje velika rdeča paprika, narezana na kocke
- 2 žlici olivnega olja
- Sol in sveže mlet črni poper
- 8 unč rezancev za lazanjo

- 1 funt trdega tofuja, odcejenega, popivnanega in zdrobljenega
- 1 funt mehkega tofuja, odcejenega, popivnanega in zdrobljenega
- 2 žlici prehranskega kvasa
- 2 žlici mletega svežega ploščatega peteršilja
- 3 $^{1/2}$ skodelice marinara omake, domače (glejte Marinara omaka) ali kupljene v trgovini

Pečico segrejte na 425°F. Bučke, jajčevce in papriko razporedite po rahlo naoljenem pekaču 9 x 13 palcev. Pokapljamo z oljem in po okusu začinimo s soljo in črnim poprom. Zelenjavo pražimo, dokler ni mehka in rahlo porjavela, približno 20 minut. Odstranite iz pečice in pustite, da se ohladi. Znižajte temperaturo pečice na 350 °F.

V loncu z vrelo slano vodo kuhajte rezance na srednje močnem ognju, občasno premešajte, dokler niso al dente, približno 7 minut. Odcedimo in odstavimo. V veliki skledi zmešajte tofu s prehranskim kvasom, peteršiljem ter soljo in poprom po okusu. Dobro premešamo.

Za sestavljanje namažite plast paradižnikove omake na dno 9 x 13-palčnega pekača. Omako prelijemo s plastjo rezancev. Na rezance naložite polovico pražene zelenjave, nato pa po zelenjavi razporedite polovico mešanice tofuja. Ponovite z drugo plastjo rezancev in prelijte z več omake. Ponovite postopek nalaganja plasti s preostalo mešanico zelenjave in tofuja, zaključite s plastjo rezancev in omake. Po vrhu potresemo parmezan.

Pokrijte in pecite 45 minut. Odstranite pokrov in pecite še 10 minut. Odstranite iz pečice in pustite stati 10 minut pred rezanjem.

39. Lazanja z radičem in gobami

Za 6 obrokov

- 1 žlica oljčnega olja
- 2 stroka česna, nasekljana
- 1 majhna glava radiča, nastrgana
- 8 unč gob cremini, rahlo opranih, popivnanih in na tanko narezanih
- Sol in sveže mlet črni poper
- 8 unč rezancev za lazanjo
- 1 funt trdega tofuja, odcejenega, popivnanega in zdrobljenega
- 1 funt mehkega tofuja, odcejenega, popivnanega in zdrobljenega

- 3 žlice prehranskega kvasa
- 2 žlici mletega svežega peteršilja
- 3 skodelice marinara omake, domače (glejte Marinara omaka) ali kupljene v trgovini

V večji ponvi na srednjem ognju segrejte olje. Dodamo česen, radič in gobe. Pokrijte in kuhajte, občasno premešajte, dokler se ne zmehča, približno 10 minut. Po okusu začinimo s soljo in poprom ter odstavimo

V loncu z vrelo slano vodo kuhajte rezance na srednje močnem ognju, občasno premešajte, dokler niso al dente, približno 7 minut. Odcedimo in odstavimo. Pečico segrejte na 350°F.

V veliki skledi zmešajte čvrst in mehak tofu. Dodajte prehranski kvas in peteršilj ter mešajte, dokler se dobro ne poveže. Zmešajte mešanico radiča in gob ter po okusu začinite s soljo in poprom.

Na dno pekača velikosti 9 x 13 palcev nanesite plast paradižnikove omake. Na vrh položite plast rezancev. Polovico mešanice tofuja enakomerno razporedite po rezancih. Ponovite z drugo plastjo rezancev, ki ji sledi plast omake. Po vrhu razporedite preostalo mešanico tofuja in zaključite s končno plastjo rezancev in omake. Po vrhu potresemo z mletimi orehi.

Pokrijte s folijo in pecite 45 minut. Odstranite pokrov in pecite še 10 minut. Pred serviranjem pustite stati 10 minut.

40. Primavera lazanja

Za 6 do 8 obrokov

- 8 unč rezancev za lazanjo
- 2 žlici olivnega olja
- 1 majhna rumena čebula, sesekljana
- 3 stroki česna, sesekljani
- 6 unč svilenega tofuja, odcejenega
- 3 skodelice navadnega nesladkanega sojinega mleka
- 3 žlice prehranskega kvasa
- $1/8$ čajne žličke mletega muškatnega oreščka
- Sol in sveže mlet črni poper
- 2 skodelici sesekljanih cvetov brokolija
- 2 srednja korenčka, mleto

- 1 majhna bučka, prepolovljena ali razčetverjena po dolžini in narezana na $^1/_4$ -palčne rezine
- 1 srednje velika rdeča paprika, sesekljana
- 2 funta trdega tofuja, odcejenega in popivnanega
- 2 žlici mletega svežega ploščatega peteršilja
- ½ skodelice veganskega parmezana ali parmazija
- ½ skodelice mletih mandljev ali pinjol

Pečico segrejte na 350°F. V loncu z vrelo slano vodo kuhajte rezance na srednje močnem ognju, občasno premešajte, dokler niso al dente, približno 7 minut. Odcedimo in odstavimo.

V majhni ponvi na srednjem ognju segrejte olje. Dodajte čebulo in česen, pokrijte in kuhajte do mehkega približno 5 minut. Čebulno mešanico prenesite v mešalnik. Dodajte svilnati tofu, sojino mleko, prehranski kvas, muškatni orešček ter sol in poper po okusu. Mešajte do gladkega in odstavite.

Brokoli, korenje, bučke in papriko kuhajte na pari, dokler niso mehki. Odstranite z ognja. Trden tofu zdrobite v veliko skledo. Dodajte peteršilj in ¼ skodelice parmezana ter začinite s soljo in poper po okusu. Mešajte, dokler se dobro ne poveže. Primešamo poparjeno zelenjavo in dobro premešamo, po potrebi še solimo in popramo.

Na dno rahlo naoljenega pekača velikosti 9 x 13 palcev nanesite plast bele omake. Na vrh položite plast rezancev. Polovico mešanice tofuja in zelenjave enakomerno porazdelite po rezancih. Ponovite z drugo plastjo rezancev, ki ji sledi plast omake. Po vrhu razporedite preostalo mešanico tofuja in zaključite s končno plastjo rezancev in omake, na koncu pa s preostalo $1/4$ skodelice parmezana. Pokrijte s folijo in pecite 45 minut

41. Lazanja s črnim fižolom in bučo

Za 6 do 8 obrokov

- 12 rezancev za lazanjo
- 1 žlica oljčnega olja
- 1 srednje velika rumena čebula, sesekljana
- 1 srednje velika rdeča paprika, sesekljana
- 2 stroka česna, nasekljana
- 1 $^{1/2}$ skodelice kuhanega ali 1 (15,5 unča) pločevinka črnega fižola, odcejenega in opranega
- (14,5 unč) lahko zdrobljen paradižnik
- 2 žlički čilija v prahu
- Sol in sveže mlet črni poper
- 1 funt trdega tofuja, dobro odcejenega
- 3 žlice mletega svežega peteršilja ali cilantra
- 1 (16 unč) pločevinka bučnega pireja
- 3 skodelice paradižnikove salse, domače (glejte Sveža paradižnikova salsa) ali kupljene v trgovini

V loncu z vrelo slano vodo kuhajte rezance na srednje močnem ognju, občasno premešajte, dokler niso al dente, približno 7 minut. Odcedimo in odstavimo. Pečico segrejte na 375°F.

V večji ponvi na srednjem ognju segrejte olje. Dodamo čebulo, pokrijemo in kuhamo, dokler se ne zmehča. Dodajte papriko in česen ter kuhajte, dokler se ne zmehča, še 5 minut. Vmešajte fižol, paradižnik, 1 čajno žličko čilija v prahu ter sol in črni poper po okusu. Dobro premešamo in odstavimo.

V veliki skledi zmešajte tofu, peteršilj, preostalo 1 čajno žličko čilija v prahu ter sol in črni poper po okusu. Odložite. V srednje veliki skledi zmešajte bučo s salso in premešajte, da se dobro premeša. Začinimo s soljo in poprom po okusu.

Razporedite približno ¾ skodelice bučne mešanice na dno 9 x 13-palčnega pekača. Na vrh položite 4 rezance. Na vrh položite polovico mešanice fižola, nato pa polovico mešanice tofuja. Na vrh položite štiri rezance, sledi plast bučne mešanice, nato preostalo mešanico fižola, na vrhu pa še preostale rezance. Preostalo mešanico tofuja razporedite po rezancih, nato pa še preostalo bučno mešanico, ki jo razporedite do robov pekača.

Pokrijte s folijo in pecite, dokler ni vroče in mehurčasto, približno 50 minut. Odkrijte, potresite z bučnimi semeni in pustite stati 10 minut, preden postrežete.

42. Manicotti, polnjeni z blitvo

Za 4 porcije

- 12 manikotti
- 3 žlice oljčnega olja
- 1 majhna čebula, mleto
- 1 srednji šopek blitve, trda stebla obrežemo in nasekljamo
- 1 funt trdega tofuja, odcejenega in zdrobljenega
- Sol in sveže mlet črni poper
- 1 skodelica surovih indijskih oreščkov
- 3 skodelice navadnega nesladkanega sojinega mleka

- $1/8$ čajne žličke mletega muškatnega oreščka
- $1/8$ čajne žličke mletega kajenskega lista
- 1 skodelica suhih nezačinjenih krušnih drobtin

Pečico segrejte na 350°F. Pekač velikosti 9 x 13 palcev rahlo naoljite in postavite na stran.

V loncu z vrelo slano vodo kuhajte manikote na srednje močnem ognju, občasno premešajte, dokler niso al dente, približno 8 minut. Dobro odcedimo in spustimo pod hladno vodo. Odložite.

V veliki ponvi na srednjem ognju segrejte 1 žlico olja. Dodajte čebulo, pokrijte in kuhajte, dokler se ne zmehča približno 5 minut. Dodajte blitvo, pokrijte in med občasnim mešanjem kuhajte, dokler se blitva ne zmehča, približno 10 minut. Odstranite z ognja in dodajte tofu ter premešajte, da se dobro premeša. Dobro začinite s soljo in poprom po okusu ter odstavite.

V blenderju ali kuhinjskem robotu zmeljemo indijske oreščke v prah. Dodajte $1\ 1/2$ skodelice sojinega mleka, muškatni orešček, kajensko papriko in sol po okusu. Mešajte do gladkega. Dodajte preostalih $1\ 1/2$ skodelice sojinega mleka in mešajte, dokler ni kremasto. Okusite, po potrebi prilagodite začimbe.

Plast omake namažemo po dnu pripravljenega pekača. Pakirajte približno $1/3$ skodelice blitvin nadev v manikotte. Nadevane manikote v enem sloju razporedimo po pekaču. Preostalo omako prelijemo po manikottih. V majhni skledi zmešajte krušne drobtine in preostali 2 žlici olja ter potresite po manikottih. Pokrijte s folijo in pecite, dokler ni vroče in mehurčasto, približno 30 minut. Postrezite takoj

43. Špinačni manikotti

Za 4 porcije

- 12 manikotti
- 1 žlica olivnega olja
- 2 srednji šalotki, sesekljani
- 2 (10 unč) paketa zamrznjene sesekljane špinače, odmrznjene
- 1 funt ekstra čvrstega tofuja, odcejenega in zdrobljenega
- ¼ čajne žličke mletega muškatnega oreščka
- Sol in sveže mlet črni poper
- 1 skodelica praženih koščkov orehov
- 1 skodelica mehkega tofuja, odcejenega in zdrobljenega
- ¼ skodelice prehranskega kvasa
- 2 skodelici navadnega nesladkanega sojinega mleka
- 1 skodelica suhih krušnih drobtin

Pečico segrejte na 350°F. Pekač 9 x 13 palcev rahlo naoljite. V loncu z vrelo slano vodo kuhajte manikote na srednje močnem ognju, občasno premešajte, dokler niso al dente, približno 10 minut. Dobro odcedimo in spustimo pod hladno vodo. Odložite.

V večji ponvi na srednjem ognju segrejte olje. Dodajte šalotko in kuhajte, dokler se ne zmehča, približno 5 minut. Špinačo ožamemo, da odstranimo čim več tekočine in dodamo šalotki. Začinite z muškatnim oreščkom, soljo in poprom po okusu ter kuhajte 5 minut in mešajte, da se okusi premešajo. Dodajte ekstra čvrst tofu in premešajte, da se dobro premeša. Odložite.

V kuhinjskem robotu obdelajte orehe, dokler niso fino zmleti. Dodajte mehak tofu, prehranski kvas, sojino mleko ter sol in poper po okusu. Postopek do gladkega.

Dno pripravljenega pekača namažemo s plastjo orehove omake. Manikote napolnite z nadevom. Nadevane manikote v enem sloju razporedimo po pekaču. Na vrh z žlico nalijemo preostalo omako. Pokrijte s folijo in pecite do vročine, približno 30 minut. Odkrijte, potresite z drobtinami in pecite še 10 minut, da vrh rahlo porjavi. Postrezite takoj

44. Vetrnice za lazanjo

Za 4 porcije

- 12 rezancev za lazanjo
- 4 skodelice rahlo pakirane sveže špinače
- 1 skodelica kuhanega ali konzerviranega belega fižola, odcejenega in opranega
- 1 funt trdega tofuja, odcejenega in popivnanega
- ½ čajne žličke soli
- $1/4$ čajne žličke sveže mletega črnega popra
- $1/8$ čajne žličke mletega muškatnega oreščka
- 3 skodelice marinara omake, domače (glejte Marinara omaka) ali kupljene v trgovini

Pečico segrejte na 350°F. V loncu z vrelo slano vodo kuhajte rezance na srednje močnem ognju, občasno premešajte, dokler niso al dente, približno 7 minut.

Špinačo položite v posodo za mikrovalovno pečico z 1 žlico vode. Pokrijte in postavite v mikrovalovno pečico 1 minuto, dokler ne oveni. Odstranite iz sklede, iztisnite preostalo tekočino. Špinačo prenesite v kuhinjski robot in jo nasekljajte. Dodajte fižol, tofu, sol in poper ter pomešajte, dokler se dobro ne združi. Odložite.

Če želite sestaviti vetrnice, položite rezance na ravno delovno površino. Na površino vsakega rezanca razporedite približno 3 žlice mešanice tofuja in špinače ter zvijte. Ponovite s preostalimi sestavinami. Na dno plitke posode razporedite plast paradižnikove omake. Zvitke položite pokonci na vrh omake in na vsako kolesce z žlico nalijte nekaj preostale omake. Pokrijte s folijo in pecite 30 minut. Postrezite takoj.

45. Bučni ravioli z grahom

Za 4 porcije

- 1 skodelica konzerviranega bučnega pireja
- $1/2$ skodelice zelo čvrstega tofuja, dobro odcejenega in zdrobljenega
- 2 žlici mletega svežega peteršilja

- Ščepec mletega muškatnega oreščka
- Sol in sveže mlet črni poper
- 1 recept Testo za testenine brez jajc
- 2 ali 3 srednje velike šalotke, po dolžini prepolovljene in narezane na $^1/_4$-palčne rezine
- 1 skodelica zamrznjenega mladega graha, odmrznjenega

S papirnato brisačo pobrišite odvečno tekočino iz buče in tofuja, nato pa v kuhinjskem robotu zmešajte s prehranskim kvasom, peteršiljem, muškatnim oreščkom ter soljo in poprom po okusu. Odložite.

Za pripravo raviolov testo za testenine tanko razvaljajte na rahlo pomokani površini. Testo narežemo na

2-palčni široki trakovi. Položite 1 zvrhano čajno žličko nadeva na 1 trak testenin, približno 1 cm od vrha. Na trak testenin položite še eno čajno žličko nadeva, približno centimeter pod prvo žlico nadeva. Ponovite po celotni dolžini testenega traku. Robove testa rahlo navlažite z vodo in na prvega položite drugi trak testenin, ki pokrije nadev. Med deli nadeva stisnite obe plasti testa skupaj. Z nožem obrežite stranice testa, da bo ravno, nato zarežite čez testo med vsakim kupčkom nadeva, da naredite kvadratne raviole. Ne pozabite iztisniti zračnih žepov okoli polnila, preden jih zaprete. S konicami vilic pritisnite ob robove testa, da zaprete raviole. Raviole prenesite na pomokan krožnik in ponovite s preostalim testom in omako. Odložite.

V večji ponvi na srednjem ognju segrejte olje. Dodajte šalotko in kuhajte, občasno premešajte, dokler šalotka ne postane zlato rjave barve, vendar ne zažgana, približno 15 minut. Primešamo grah in po okusu začinimo s soljo in poprom. Hraniti na zelo majhnem ognju.

V velikem loncu z vrelo slano vodo kuhajte raviole, dokler ne priplavajo na vrh, približno 5 minut. Dobro odcedimo in prestavimo v ponev s šalotko in grahom. Kuhamo minuto ali dve, da se okusi premešajo, nato prestavimo v veliko servirno skledo. Začinite z veliko popra in takoj postrezite.

46. Ravioli iz artičok in orehov

Za 4 porcije

- ⅓ skodelice plus 2 žlici oljčnega olja
- 3 stroki česna, sesekljani
- 1 (10 unč) paket zamrznjene špinače, odmrznjene in ožete
- 1 skodelica zamrznjenih srčkov artičok, odmrznjenih in sesekljanih
- ⅓ skodelice čvrstega tofuja, odcejenega in zdrobljenega
- 1 skodelica praženih koščkov orehov
- ¼ skodelice tesno zmečkanega svežega peteršilja
- Sol in sveže mlet črni poper
- 1 recept Testo za testenine brez jajc
- 12 svežih listov žajblja

V veliki ponvi na srednjem ognju segrejte 2 žlici olja. Dodajte česen, špinačo in srčke artičok. Pokrijte in kuhajte, dokler se česen ne zmehča in tekočina ne vpije, približno 3 minute, občasno premešajte. Mešanico prestavimo v kuhinjski robot. Dodajte tofu, 1/4 skodelice orehov, peteršilj ter sol in poper po okusu. Procesirajte, dokler ni mleto in temeljito premešano.

Odstavimo, da se ohladi.

Če želite pripraviti raviole, testo razvaljajte zelo na tanko (približno 1/8 palca) na rahlo pomokani površini in narežite ga na 2 cm široke trakove. Položite 1 zvrhano čajno žličko nadeva na trak testenin, približno 1 cm od vrha. Na trak testenin položite še eno čajno žličko nadeva, približno 1 cm pod prvo žlico nadeva. Ponovite po celotni dolžini testenega traku.

Robove testa rahlo navlažite z vodo in na prvega položite drugi trak testenin, ki pokrije nadev.

Med deli nadeva stisnite obe plasti testa skupaj. Z nožem obrežite stranice testa, da bo ravno, nato pa zarežite čez testo med vsakim kupčkom nadeva, da naredite kvadratne raviole. S konicami vilic pritisnite ob robove testa, da zaprete raviole. Raviole prenesite na pomokan krožnik in ponovite s preostalim testom in nadevom.

Raviole kuhajte v velikem loncu z vrelo slano vodo, dokler ne priplavajo na vrh, približno 7 minut. Dobro odcedimo in odstavimo. V veliki ponvi na srednjem ognju segrejte preostalo 1/3 skodelice olja. Dodaj žajbelj in preostalo ¾ skodelice orehov ter kuhajte, dokler žajbelj ne postane hrustljav in orehi ne zadišijo.

Dodamo kuhane raviole in med nežnim mešanjem kuhamo, da se prelijejo z omako in segrejejo. Postrezite takoj.

47. Tortelini s pomarančno omako

Za 4 porcije

- 1 žlica olivnega olja
- 3 stroki česna, drobno sesekljani
- 1 skodelica trdega tofuja, odcejenega in zdrobljenega
- ¾ skodelice sesekljanega svežega peteršilja
- $1/4$ skodelice veganskega parmezana ali parmazija
- Sol in sveže mlet črni poper
- 1 recept Testo za testenine brez jajc
- 2 $1/2$ skodelice marinara omake, domače (glejte Marinara omaka) ali kupljene lupine 1 pomaranče
- ½ čajne žličke zdrobljene rdeče paprike

- ½ skodelice ₛₒⱼᵢₙₑ smetane ali navadnega nesladkanega sojinega mleka

V večji ponvi na srednjem ognju segrejte olje. Dodajte česen in kuhajte do mehkega približno 1 minuto. Vmešajte tofu, peteršilj, parmezan ter sol in črni poper po okusu. Mešajte, dokler ni dobro premešano. Odstavimo, da se ohladi.

Če želite narediti torteline, testo na tanko razvaljajte (približno 1/8 ᵖᵃˡᶜᵃ) in ga narežite na 2 $^1/_2$-palčna kvadrata. Kraj

1 čajno žličko nadeva tik ob sredini in zložite en kot kvadrata testenin čez nadev, da oblikujete trikotnik. Robove stisnite skupaj, da se zaprejo, nato trikotnik, s središčem navzdol, ovijte okoli kazalca in konca stisnite skupaj, da se zlepita. Konico trikotnika prepognite navzdol in zdrsnite s prsta. Odložite na rahlo pomokan krožnik in nadaljujte s preostalim testom in nadevom.

V veliki ponvi zmešajte omako marinara, pomarančno lupinico in zdrobljeno rdečo papriko. Segrevajte, dokler ni vroče, nato vmešajte sojino smetano in segrevajte na zelo majhnem ognju.

V loncu z vrelo slano vodo kuhamo torteline, dokler ne priplavajo na vrh, približno 5 minut. Dobro odcedimo in prestavimo v veliko servirno skledo. Dodajte omako in nežno premešajte, da se združi. Postrezite takoj.

48. Zelenjavni Lo Mein s tofujem

Za 4 porcije

- 12 unč linguina
- 1 žlica praženega sezamovega olja
- 3 žlice sojine omake
- 2 žlici suhega šerija
- 1 žlica vode
- Ščepec sladkorja
- 1 žlica koruznega škroba

- 2 žlici olja iz kanole ali grozdnih pečk
- 1 funt ekstra čvrstega tofuja, odcejenega in narezanega na kocke
- 1 srednja čebula, prepolovljena in na tanko narezana
- 3 skodelice majhnih cvetov brokolija
- 1 srednje velik korenček, narezan na $1/4$-palčne rezine
- 1 skodelica narezanih svežih šitak ali belih gob
- 2 stroka česna, nasekljana
- 2 žlički naribanega svežega ingverja
- 2 zeleni čebuli, sesekljani

V velikem loncu z vrelo slano vodo kuhajte lingvine med občasnim mešanjem, dokler niso mehki, približno 10 minut. Dobro odcedimo in prestavimo v skledo. Dodajte 1 čajno žličko sezamovega olja in premešajte. Odložite.

V majhni skledi zmešajte sojino omako, šeri, vodo, sladkor in preostali 2 žlički sezamovega olja. Dodajte koruzni škrob in premešajte, da se raztopi. Odložite.

V veliki ponvi ali voku segrejte 1 žlico oljne repice na srednje močnem ognju. Dodajte tofu in kuhajte do zlato rjave barve, približno 10 minut. Odstranite iz ponve in postavite na stran.

V isti ponvi ponovno segrejte preostalo olje oljne repice. Dodajte čebulo, brokoli in korenček ter med mešanjem pražite, dokler se ne zmehčajo, približno 7 minut. Dodajte gobe, česen, ingver in zeleno čebulo ter med mešanjem pražite 2 minuti. Vmešajte omako in kuhane lingvine ter premešajte, da se dobro premešajo. Kuhajte, dokler se ne segreje. Okusite, prilagodite začimbe in po potrebi dodajte več sojine omake. Postrezite takoj.

49. Pad Thai

Za 4 porcije

- 12 unč posušenih riževih rezancev
- ⅓ skodelice sojine omake
- 2 žlici svežega limetinega soka
- 2 žlici svetlo rjavega sladkorja
- 1 žlica tamarindove paste (glejte opombo)
- 1 žlica paradižnikove paste
- 3 žlice vode
- ½ čajne žličke zdrobljene rdeče paprike
- 3 žlice olja iz kanole ali grozdnih pečk
- 1 funt ekstra trdega tofuja, odcejen, stisnjen (glejte Tofu) in narezan na $1/2$-palčne kocke
- 4 zelene čebule, mleto

- 2 stroka česna, nasekljana
- $1/3$ skodelice grobo sesekljanih suho praženih nesoljenih arašidov
- 1 skodelica fižolovih kalčkov, za okras
- 1 limeta, narezana na kline, za okras

Rezance namočite v veliko skledo vroče vode, dokler se ne zmehčajo, 5 do 15 minut, odvisno od debeline rezancev. Dobro odcedite in sperite pod mrzlo vodo. Odcejene rezance prestavimo v veliko skledo in odstavimo.

V majhni skledi zmešajte sojino omako, limetin sok, sladkor, tamarindovo pasto, paradižnikovo pasto, vodo in zdrobljeno rdečo papriko. Premešajte, da se dobro premeša in odstavite.

V veliki ponvi ali voku na srednjem ognju segrejte 2 žlici olja. Dodajte tofu in med mešanjem pražite do zlato rjave barve, približno 5 minut. Prenesite na krožnik in odstavite.

V isti ponvi ali voku na zmernem ognju segrejte preostalo 1 žlico olja. Dodamo čebulo in med mešanjem pražimo 1 minuto. Dodajte zeleno čebulo in česen, med mešanjem pražite 30 sekund, nato dodajte kuhan tofu in kuhajte približno 5 minut, občasno premešajte, dokler ni zlato rjave barve. Dodajte kuhane rezance in premešajte, da se združijo in segrejejo.

Vmešajte omako in kuhajte, premešajte, da se prekrije, in po potrebi dodajte kanček ali dva dodatne vode, da preprečite lepljenje. Ko so rezanci vroči in mehki, jih stresite na servirni krožnik in potresite z arašidi in cilantrom. Ob strani krožnika okrasite s fižolovimi kalčki in rezinami limete. Postrezite toplo.

50. Pijani špageti s tofujem

Za 4 porcije

- 12 unč špagetov
- 3 žlice sojine omake
- 1 žlica vegetarijanske ostrigine omake (neobvezno)
- 1 čajna žlička svetlo rjavega sladkorja
- 8 unč ekstra čvrstega tofuja, odcejenega in stisnjenega (glejte Tofu)
- 2 žlici olja iz kanole ali grozdnih pečk
- 1 srednje velika rdeča čebula, narezana na tanke rezine
- 1 srednje velika rdeča paprika, narezana na tanke rezine

- 1 skodelica snežnega graha, narezanega
- 2 stroka česna, nasekljana
- ½ čajne žličke zdrobljene rdeče paprike
- 1 skodelica svežih listov tajske bazilike

V loncu z vrelo slano vodo kuhajte špagete na srednje močnem ognju, občasno premešajte, dokler niso al dente, približno 8 minut. Dobro odcedite in prenesite v veliko skledo. V majhni skledi zmešajte sojino omako, omako iz ostrig, če jo uporabljate, in sladkor. Dobro premešajte, nato prelijte na prihranjene špagete in jih premešajte. Odložite.

Tofu narežite na $1/2$-palčne trakove. V veliki ponvi ali voku segrejte 1 žlico olja na srednje močnem ognju. Dodajte tofu in kuhajte do zlate barve, približno 5 minut. Odstranite iz ponve in postavite na stran.

Ponovno postavite ponev na ogenj in dodajte preostalo 1 žlico olja oljne repice. Dodajte čebulo, papriko, snežni grah, česen in zdrobljeno rdečo papriko. Med mešanjem pražimo, dokler se zelenjava ravno ne zmehča, približno 5 minut. Dodajte mešanico kuhanih špagetov in omake, kuhan tofu in baziliko ter med mešanjem pražite približno 4 minute, dokler ni vroče.

ТЕМРЕН

51. Špageti v stilu Carbonara

Za 4 porcije

- 2 žlici olivnega olja
- 3 srednje velike šalotke, zmlete
- 4 unče tempeh slanine, domače (glejte Tempeh slanina) ali kupljene v trgovini, sesekljane
- 1 skodelica navadnega nesladkanega sojinega mleka
- ½ skodelice mehkega ali svilnatega tofuja , odcejenega
- ¼ skodelice prehranskega kvasa
- Sol in sveže mlet črni poper
- 1 funt špagetov
- 3 žlice mletega svežega peteršilja

V večji ponvi na srednjem ognju segrejte olje. Dodajte šalotko in kuhajte, dokler se ne zmehča, približno 5 minut. Dodajte tempeh slanino in kuhajte, pogosto mešajte, dokler rahlo ne porjavi, približno 5 minut. Odložite.

V mešalniku zmešajte sojino mleko, tofu, prehranski kvas ter sol in poper po okusu. Mešajte do gladkega. Odložite.

V velikem loncu z vrelo slano vodo kuhajte špagete na srednje močnem ognju, občasno premešajte, dokler niso al dente, približno 10 minut. Dobro odcedimo in prestavimo v veliko servirno skledo. Dodajte mešanico tofuja, $1/4$ skodelice parmezana in vse razen 2 žlic mešanice tempeh slanine.

Nežno premešajte, da se združi in okusi, po potrebi prilagodite začimbe in dodajte še malo sojinega mleka, če je presuho. Na vrh potresemo več mletega popra, preostalo tempeh slanino, preostali parmezan in peteršilj. Postrezite takoj.

51. Tempeh in zelenjavni mešalnik

Za 4 porcije

- 10 unč tempeha
- Sol in sveže mlet črni poper
- 2 žlički koruznega škroba
- 4 skodelice majhnih cvetov brokolija
- 2 žlici olja iz kanole ali grozdnih pečk
- 2 žlici sojine omake
- 2 žlici vode
- 1 žlica mirina
- $1/2$ čajne žličke zdrobljene rdeče paprike
- 2 žlički praženega sezamovega olja
- 1 srednje velika rdeča paprika, narezana na $1/2$-palčne rezine
- 6 unč belih gob, rahlo opranih, popivnanih in narezanih na $1/2$-palčne rezine
- 2 stroka česna, nasekljana

- 3 žlice mlete zelene čebule
- 1 čajna žlička naribanega svežega ingverja

V srednje veliki ponvi z vrelo vodo kuhajte tempeh 30 minut. Odcedite, posušite in pustite, da se ohladi. Tempeh narežite na $1/2$-palčne kocke in dajte v plitvo skledo. Začinite s soljo in črnim poprom po okusu, potresite s koruznim škrobom in premešajte. Odložite.

Brokoli rahlo kuhajte na pari, dokler se skoraj ne zmehča, približno 5 minut. Pustite pod hladno vodo, da ustavite proces kuhanja in ohranite svetlo zeleno barvo. Odložite.

V veliki ponvi ali voku segrejte 1 žlico olja oljne repice na srednje močnem ognju. Dodajte tempeh in med mešanjem pražite do zlato rjave barve, približno 5 minut. Odstranite iz ponve in postavite na stran.

V majhni skledi zmešajte sojino omako, vodo, mirin, zdrobljeno rdečo papriko in sezamovo olje. Odložite.

Ponovno segrejte isto ponev na srednje močnem ognju. Dodajte preostalo 1 žlico olja oljne repice. Dodajte papriko in gobe ter med mešanjem pražite, dokler se ne zmehčajo, približno 3 minute. Dodajte česen, zeleno čebulo in ingver ter med mešanjem pražite 1 minuto. Dodamo dušen brokoli in popražen tempeh ter med mešanjem pražimo 1 minuto. Vmešajte mešanico sojine omake in med mešanjem pražite, dokler se tempeh in zelenjava ne segreta in dobro prekrita z omako. Postrezite takoj.

52. Teriyaki Tempeh

Za 4 porcije

- 1 funt tempeha, narezan na $^1/_4$-palčne rezine
- ¼ skodelice svežega limoninega soka
- 1 čajna žlička mletega česna
- 2 žlici mlete zelene čebule
- 2 žlički naribanega svežega ingverja
- 1 žlica sladkorja
- 2 žlici praženega sezamovega olja
- 1 žlica koruznega škroba
- 2 žlici vode
- 2 žlici olja iz kanole ali grozdnih pečk

V srednje veliki ponvi z vrelo vodo kuhajte tempeh 30 minut. Odcedimo in damo v veliko plitvo posodo. V majhni skledi zmešajte sojino omako, limonin sok, česen, zeleno čebulo, ingver, sladkor, sezamovo olje, koruzni škrob in vodo. Dobro premešajte in nato kuhan tempeh prelijte z marinado in ga obrnite na plašč. Tempeh mariniramo 1 uro.

V veliki ponvi na srednjem ognju segrejte olje oljne repice. Odstranite tempeh iz marinade in prihranite marinado. Dodajte tempeh v vročo ponev in kuhajte do zlato rjave barve na obeh straneh, približno 4 minute na stran. Dodajte prihranjeno marinado in dušite, dokler se tekočina ne zgosti, približno 8 minut. Postrezite takoj.

53. Tempeh na žaru

Za 4 porcije

- 1 funt tempeha, narezan na 2-palčne palice
- 2 žlici olivnega olja
- 1 srednja čebula, mleto
- 1 srednja rdeča paprika, mleto
- 2 stroka česna, nasekljana
- (14,5 unč) lahko zdrobljen paradižnik
- 2 žlici temne melase
- 2 žlici jabolčnega kisa
- žlica sojine omake
- 2 žlički pikantne rjave gorčice
- 1 žlica sladkorja
- ½ čajne žličke soli
- 1/4 žličke mletega pimenta
- 1/4 čajne žličke mletega kajenskega lista

V srednje veliki ponvi z vrelo vodo kuhajte tempeh 30 minut. Odcedimo in odstavimo.

V veliki ponvi segrejte 1 žlico olja na srednjem ognju. Dodajte čebulo, papriko in česen. Pokrijte in kuhajte, dokler se ne zmehča, približno 5 minut. Vmešajte paradižnik, melaso, kis, sojino omako, gorčico, sladkor, sol, piment in kajensko papriko ter zavrite. Ogenj zmanjšajte na nizko in odkrito pustite vreti 20 minut.

V veliki ponvi na zmernem ognju segrejte preostalo 1 žlico olja. Dodajte tempeh in kuhajte do zlato rjave barve, enkrat obrnite, približno 10 minut. Dodajte toliko omake, da tempeh izdatno prekrijete. Pokrijte in dušite, da se okusi premešajo, približno 15 minut. Postrezite takoj.

54. Pomarančni burbonski tempeh

Za 4 do 6 obrokov

- 2 skodelici vode
- ½ skodelice sojine omake
- tanke rezine svežega ingverja
- 2 stroka česna, rezine
- 1 funt tempeha, narezan na tanke rezine
- Sol in sveže mlet črni poper
- ¼ skodelice olja iz oljne repice ali grozdnih pešk
- 1 žlica svetlo rjavega sladkorja
- ⅛ čajne žličke mletega pimenta
- ⅓ skodelice svežega pomarančnega soka
- ¼ skodelice bourbona ali 5 pomarančnih rezin, prepolovljenih
- 1 žlica koruznega škroba, pomešanega z 2 žlicama vode

V veliki ponvi zmešajte vodo, sojino omako, ingver, česen in pomarančno lupinico. Tempeh položite v marinado in zavrite. Ogenj zmanjšamo na nizko in pustimo vreti 30 minut. Odstranite tempeh iz marinade in prihranite marinado. Tempeh potresemo s soljo in poprom po okusu. V plitvo skledo dajte moko. Kuhan tempeh potresemo v moko in odstavimo.

V večji ponvi na srednjem ognju segrejte olje. Dodajte tempeh, po potrebi v serijah, in kuhajte, dokler ne porjavi na obeh straneh, približno 4 minute na stran. Postopoma vmešajte prihranjeno marinado. Dodajte sladkor, piment, pomarančni sok in burbon. Tempeh obložite z rezinami pomaranč. Pokrijte in dušite, dokler omaka ne postane sirupasta in se okusi stopijo, približno 20 minut.

Z žlico z režami ali lopatko odstranite tempeh iz ponve in ga prenesite na servirni krožnik. Hraniti na toplem. V omako dodamo mešanico koruznega škroba in med mešanjem kuhamo, da se zgosti. Ogenj zmanjšamo na nizko in ob stalnem mešanju odkrito dušimo, dokler se omaka ne zgosti. Omako prelijemo po tempehu in takoj postrežemo.

55. Tempeh in sladki krompir

Za 4 porcije

- 1 funt tempeha
- 2 žlici sojine omake
- 1 čajna žlička mletega koriandra
- ½ čajne žličke kurkume
- 2 žlici olivnega olja
- 3 velike šalotke, sesekljane
- 1 ali 2 srednje velika sladka krompirja, olupljena in narezana na $1/2$-palčne kocke
- 2 žlički naribanega svežega ingverja
- 1 skodelica ananasovega soka
- 2 žlički svetlo rjavega sladkorja
- Sok 1 limete

V srednje veliki ponvi z vrelo vodo kuhajte tempeh 30 minut. Prestavimo ga v plitvo skledo. Dodajte 2 žlici sojine omake, koriander in kurkumo ter premešajte. Odložite.

V veliki ponvi na srednjem ognju segrejte 1 žlico olja. Dodajte tempeh in kuhajte, dokler ne porjavi na obeh straneh, približno 4 minute na stran. Odstranite iz ponve in postavite na stran.

V isti ponvi na srednjem ognju segrejte preostali 2 žlici olja. Dodamo šalotko in sladki krompir. Pokrijte in kuhajte, dokler se rahlo ne zmehča in rahlo porjavi, približno 10 minut. Vmešajte ingver, ananasov sok, preostalo 1 žlico sojine omake in sladkor ter premešajte, da se združijo. Zmanjšajte toploto na nizko, dodajte kuhan tempeh, pokrijte in kuhajte, dokler se krompir ne zmehča, približno 10 minut. Tempeh in sladki krompir preložite v servirni krožnik in hranite na toplem. V omako vmešamo limetin sok in pustimo vreti 1 minuto, da se okusi prepojijo. Tempeh pokapljamo z omako in takoj postrežemo.

56. Kreolski tempeh

Za 4 do 6 obrokov

- 1 funt tempeha, narezan na $^1/_4$-palčne rezine
- ¼ skodelice sojine omake
- 2 žlici kreolske začimbe
- ½ skodelice večnamenske moke
- 2 žlici olivnega olja
- 1 srednje sladka rumena čebula, sesekljana
- 2 rebri zelene, sesekljani
- 1 srednje velika zelena paprika, sesekljana
- 3 stroki česna, sesekljani
- 1 (14,5 unč) pločevinka paradižnika, narezanega na kocke, odcejenega
- 1 čajna žlička posušenega timijana
- ½ skodelice suhega belega vina
- Sol in sveže mlet črni poper

Tempeh postavite v veliko ponev z dovolj vode, da pokrije. Dodajte sojino omako in 1 žlico kreolske začimbe. Pokrijemo in dušimo 30 minut. Odstranite tempeh iz tekočine in ga postavite na stran, tekočino pa prihranite.

V plitvi skledi zmešajte moko s preostalima 2 žlicama kreolskih začimb in dobro premešajte. Tempeh potopite v mešanico moke in dobro premažite. V veliki ponvi na srednjem ognju segrejte 1 žlico olja. Dodajte izrezan tempeh in kuhajte, dokler ne porjavi na obeh straneh, približno 4 minute na stran. Odstranite tempeh iz ponve in ga postavite na stran.

V isti ponvi na zmernem ognju segrejte preostalo 1 žlico olja. Dodajte čebulo, zeleno, papriko in česen. Pokrijte in kuhajte, dokler se zelenjava ne zmehča, približno 10 minut. Vmešajte paradižnik, nato dodajte tempeh nazaj v ponev skupaj s timijanom, vinom in 1 skodelico prihranjene tekočine za vrenje. Začinimo s soljo in poprom po okusu. Pustite vreti in kuhajte brez pokrova približno 30 minut, da se zmanjša količina tekočine in se okusi premešajo. Postrezite takoj.

57. Tempeh z limono in kaprami

Za 4 do 6 obrokov

- 1 funt tempeha, vodoravno narezan na $^1/_4$-palčne rezine
- ½ skodelice sojine omake
- ½ skodelice večnamenske moke
- Sol in sveže mlet črni poper
- 2 žlici olivnega olja
- 2 srednji šalotki, mleti
- 2 stroka česna, nasekljana
- 2 žlici kaper
- ½ skodelice suhega belega vina
- ½ skodelice zelenjavne juhe, domače (glejte Lahka zelenjavna juha) ali kupljene v trgovini
- 2 žlici veganske margarine
- Sok 1 limone
- 2 žlici mletega svežega peteršilja

Tempeh postavite v veliko ponev z dovolj vode, da pokrije. Dodamo sojino omako in dušimo 30 minut. Odstranite tempeh iz lonca in ga postavite na stran, da se ohladi. V plitvi skledi zmešajte moko ter sol in poper po okusu. Tempeh potopite v mešanico moke in premažite obe strani. Odložite.

V veliki ponvi na srednjem ognju segrejte 2 žlici olja. Dodajte tempeh, po potrebi v serijah, in kuhajte, dokler ne porjavi na obeh straneh, skupaj približno 8 minut. Odstranite tempeh iz ponve in ga postavite na stran.

V isti ponvi na zmernem ognju segrejte preostalo 1 žlico olja. Dodamo šalotko in kuhamo približno 2 minuti. Dodajte česen, nato vmešajte kapre, vino in juho. Tempeh vrnite v ponev in pustite vreti 6 do 8 minut. Vmešajte margarino, limonin sok in peteršilj ter mešajte, da se margarina stopi. Postrezite takoj.

58. Tempeh z javorjevo in balzamično glazuro

Za 4 porcije

- 1 funt tempeha, narezan na 2-palčne palice
- 2 žlici balzamičnega kisa
- 2 žlici čistega javorjevega sirupa
- 1 $^1/_2$ žlici pikantne rjave gorčice
- 1 čajna žlička omake Tabasco
- 1 žlica oljčnega olja
- 2 stroka česna, nasekljana
- $^1/_2$ skodelice zelenjavne juhe, domače (glejte Lahka zelenjavna juha) ali kupljene v trgovini Sol in sveže mlet črni poper

V srednje veliki ponvi z vrelo vodo kuhajte tempeh 30 minut. Odcedite in posušite.

V majhni skledi zmešajte kis, javorjev sirup, gorčico in tabasko. Odložite.

V večji ponvi na srednjem ognju segrejte olje. Dodajte tempeh in kuhajte, dokler ne porjavi na obeh straneh, enkrat obrnite, približno 4 minute na stran. Dodajte česen in kuhajte še 30 sekund.

Primešamo juho ter solimo in popramo po okusu. Ogenj povečajte na srednje visoko in kuhajte nepokrito približno 3 minute ali dokler tekočina skoraj ne izhlapi.

Dodamo prihranjeno gorčično mešanico in kuhamo 1 do 2 minuti, tempeh obračamo, da se prelije z omako in lepo postekleni. Pazimo, da se ne zažgejo. Postrezite takoj.

59. Mamljiv tempeh čili

Za 4 do 6 obrokov

- 1 funt tempeha
- 1 žlica olivnega olja
- 1 srednje velika rumena čebula, sesekljana
- 1 srednje velika zelena paprika, sesekljana
- 2 stroka česna, nasekljana
- žlice čilija v prahu
- 1 čajna žlička posušenega origana
- 1 čajna žlička mlete kumine

- (28 unč) lahko zdrobljen paradižnik
- ½ skodelice vode, po potrebi še več
- 1 1/2 skodelice kuhanega ali 1 (15,5 unč) pločevinka pinto fižola, odcejenega in opranega
- 1 (4 unče) pločevinka nasekljanih blagih zelenih čilijev, odcejenih
- Sol in sveže mlet črni poper
- 2 žlici mletega svežega cilantra

V srednje veliki ponvi z vrelo vodo kuhajte tempeh 30 minut. Odcedite in pustite, da se ohladi, nato drobno nasekljajte in odstavite.

V veliki kozici segrejte olje. Dodajte čebulo, papriko in česen, pokrijte in kuhajte, dokler se ne zmehča, približno 5 minut. Dodajte tempeh in kuhajte nepokrito do zlate barve približno 5 minut. Dodajte čili v prahu, origano in kumino. Vmešajte paradižnik, vodo, fižol in čili. Po okusu začinimo s soljo in črnim poprom. Dobro premešajte, da se poveže.

Zavremo, nato zmanjšamo ogenj na nizko, pokrijemo in pustimo vreti 45 minut, občasno premešamo, po potrebi dodamo še malo vode.

Potresemo s cilantrom in takoj postrežemo.

60. Tempeh Cacciatore

Za 4 do 6 obrokov

- 1 funt tempeha, narezan na tanke rezine
- 2 žlici olja iz kanole ali grozdnih pečk
- 1 srednja rdeča čebula, narezana na $1/2$-palčne kocke
- srednje velika rdeča paprika, narezana na $1/2$-palčne kocke
- srednji korenček, narezan na $1/4$-palčne rezine
- 2 stroka česna, nasekljana
- 1 (28 unč) pločevinka paradižnika, narezanega na kocke, odcejenega
- ¼ skodelice suhega belega vina
- 1 čajna žlička posušenega origana
- 1 čajna žlička posušene bazilike
- Sol in sveže mlet črni poper

V srednje veliki ponvi z vrelo vodo kuhajte tempeh 30 minut. Odcedite in posušite.

V veliki ponvi na srednjem ognju segrejte 1 žlico olja. Dodajte tempeh in kuhajte, dokler ne porjavi na obeh straneh, skupaj 8 do 10 minut. Odstranite iz ponve in postavite na stran.

V isti ponvi na zmernem ognju segrejte preostalo 1 žlico olja. Dodajte čebulo, papriko, korenček in česen. Pokrijte in kuhajte, dokler se ne zmehča, približno 5 minut. Dodajte paradižnik, vino, origano, baziliko ter sol in črni poper po okusu in zavrite. Zmanjšajte ogenj na nizko, dodajte prihranjen tempeh in dušite, nepokrito, dokler se zelenjava ne zmehča in se okusi dobro povežejo, približno 30 minut. Postrezite takoj.

61. Indonezijski tempeh v kokosovi omaki

Za 4 do 6 obrokov

- 1 funt tempeha, narezan na $^1/_4$-palčne rezine
- 2 žlici olja iz kanole ali grozdnih pečk
- 1 srednje velika rumena čebula, sesekljana
- 3 stroki česna, sesekljani
- 1 srednje velika rdeča paprika, sesekljana
- 1 srednje velika zelena paprika, sesekljana
- 1 ali 2 majhna Serrano ali drug svež pekoč čili, brez semen in mlet
- 1 (14,5 unč) pločevinka paradižnika, narezanega na kocke, odcejenega
- 1 (13,5 unč) pločevinka nesladkanega kokosovega mleka
- Sol in sveže mlet črni poper
- $^{1/2}$ skodelice nesoljenih praženih arašidov, mletih ali zdrobljenih, za okras
- 2 žlici mletega svežega cilantra za okras

V srednje veliki ponvi z vrelo vodo kuhajte tempeh 30 minut. Odcedite in posušite.

V veliki ponvi na srednjem ognju segrejte 1 žlico olja. Dodajte tempeh in kuhajte do zlato rjave barve na obeh straneh, približno 10 minut. Odstranite iz ponve in postavite na stran.

V isti ponvi na zmernem ognju segrejte preostalo 1 žlico olja. Dodajte čebulo, česen, rdečo in zeleno papriko ter čili. Pokrijte in kuhajte, dokler se ne zmehča, približno 5 minut. Vmešajte paradižnik in kokosovo mleko. Zmanjšajte ogenj na nizko, dodajte prihranjeni tempeh, začinite s soljo in poprom po okusu ter dušite odkrito, dokler se omaka nekoliko ne zredči, približno 30 minut. Potresemo z arašidi in cilantrom ter takoj postrežemo.

62. Ingverjev-arašidov tempeh

Za 4 porcije

- 1 funt tempeha, narezan na $^1/_2$-palčne kocke
- 2 žlici olja iz kanole ali grozdnih pečk
- srednje velika rdeča paprika, narezana na $^1/_2$-palčne kocke
- 3 stroki česna, sesekljani
- majhen šop zelene čebule, sesekljane
- 2 žlici naribanega svežega ingverja
- 2 žlici sojine omake
- 1 žlica sladkorja
- $^1/_4$ čajne žličke zdrobljene rdeče paprike
- 1 žlica koruznega škroba
- 1 skodelica vode
- 1 skodelica zdrobljenih nesoljenih praženih arašidov
- 2 žlici mletega svežega cilantra

V srednje veliki ponvi z vrelo vodo kuhajte tempeh 30 minut. Odcedite in posušite. V veliki ponvi ali voku segrejte olje na srednjem ognju. Dodajte tempeh in kuhajte, dokler rahlo ne porjavi, približno 8 minut. Dodamo papriko in med mešanjem pražimo, dokler se ne zmehča, približno 5 minut. Dodajte česen, zeleno čebulo in ingver ter med mešanjem pražite 1 minuto, dokler ne zadiši.

V majhni skledi zmešajte sojino omako, sladkor, zdrobljeno rdečo papriko, koruzni škrob in vodo. Dobro premešamo, nato pa vlijemo v ponev. Med mešanjem kuhajte 5 minut, dokler se rahlo ne zgosti. Vmešajte arašide in koriander. Postrezite takoj.

63. Tempeh s krompirjem in zeljem

Za 4 porcije

- 1 funt tempeha, narezan na $^1/_2$-palčne kocke
- 2 žlici olja iz kanole ali grozdnih pečk
- 1 srednje velika rumena čebula, sesekljana
- 1 srednje velik korenček, sesekljan
- 1 $^1/_2$ žlici sladke madžarske paprike
- 2 srednje rdeča krompirja, olupljena in narezana na $^1/_2$-palčne kocke
- 3 skodelice narezanega zelja
- 1 (14,5 unč) pločevinka paradižnika, narezanega na kocke, odcejenega
- ¼ skodelice suhega belega vina
- 1 skodelica zelenjavne juhe, domače (glejte Lahka zelenjavna juha) ali kupljene v trgovini Sol in sveže mlet črni poper
- $^1/_2$ skodelice veganske kisle smetane, domače (glejte Tofujevo kislo smetano) ali kupljene v trgovini (neobvezno)

V srednje veliki ponvi z vrelo vodo kuhajte tempeh 30 minut. Odcedite in posušite.

V veliki ponvi na srednjem ognju segrejte 1 žlico olja. Dodajte tempeh in kuhajte do zlato rjave barve na obeh straneh, približno 10 minut. Odstranite tempeh in ga postavite na stran.

V isti ponvi na zmernem ognju segrejte preostalo 1 žlico olja. Dodajte čebulo in korenje, pokrijte in kuhajte, dokler se ne zmehčata, približno 10 minut. Vmešajte papriko, krompir, zelje, paradižnik, vino in juho ter zavrite. Začinimo s soljo in poprom po okusu

Zmanjšajte ogenj na srednje, dodajte tempeh in kuhajte nepokrito 30 minut oziroma dokler se zelenjava ne zmehča in se okusi ne premešajo. Če jo uporabljate, vmešajte kislo smetano in takoj postrezite.

64. Južna sukotaška enolončnica

Za 4 porcije

- 10 unč tempeha
- 2 žlici olivnega olja
- 1 velika sladka rumena čebula, drobno sesekljana
- 2 srednje rdeča krompirja, olupljena in narezana na $^1/_2$-palčne kocke
- 1 (14,5 unč) pločevinka paradižnika, narezanega na kocke, odcejenega
- 1 (16 unč) paket zamrznjenega sukotaša
- 2 skodelici zelenjavne juhe, domače (glejte Lahka zelenjavna juha) ali kupljene v trgovini, ali vode
- 2 žlici sojine omake
- 1 čajna žlička suhe gorčice
- 1 čajna žlička sladkorja
- ½ čajne žličke posušenega timijana
- ½ čajne žličke mletega pimenta
- $^1/_4$ čajne žličke mletega kajenskega lista
- Sol in sveže mlet črni poper

V srednje veliki ponvi z vrelo vodo kuhajte tempeh 30 minut. Odcedite, posušite in narežite na 1-palčne kocke.

V veliki ponvi na srednjem ognju segrejte 1 žlico olja. Dodajte tempeh in kuhajte, dokler ne porjavi na obeh straneh, približno 10 minut. Odložite.

V veliki ponvi na srednjem ognju segrejte preostalo 1 žlico olja. Dodajte čebulo in kuhajte, dokler se ne zmehča, 5 minut. Dodajte krompir, korenje, paradižnik, sukotaš, juho, sojino omako, gorčico, sladkor, timijan, piment in kajenski papriko. Začinimo s soljo in poprom po okusu. Zavremo, nato zmanjšamo ogenj na nizko in dodamo tempeh. Pokrito dušite, dokler se zelenjava ne zmehča, med občasnim mešanjem približno 45 minut.

Približno 10 minut preden je enolončnica kuhana, vmešamo tekoči dim. Okusite, po potrebi prilagodite začimbe

Postrezite takoj.

65. Pečena enolončnica Jambalaya

Za 4 porcije

- 10 unč tempeha
- 2 žlici olivnega olja
- 1 srednje velika rumena čebula, sesekljana
- 1 srednje velika zelena paprika, sesekljana
- 2 stroka česna, nasekljana
- 1 (28 unč) pločevinka paradižnika, narezanega na kocke, neodcejenega

- ½ skodelice belega riža
- 1 ¹/₂ skodelice zelenjavne juhe, domače (glejte Lahka zelenjavna juha) ali kupljene v trgovini, ali vode
- 1 ¹ᐟ² skodelice kuhanega ali 1 (15,5 unča) pločevinka temno rdečega fižola, odcejenega in opranega
- 1 žlica sesekljanega svežega peteršilja
- 1 ¹/₂ čajni žlički začimbe Cajun
- 1 čajna žlička posušenega timijana
- ½ čajne žličke soli
- ¹/₄ čajne žličke sveže mletega črnega popra

V srednje veliki ponvi z vrelo vodo kuhajte tempeh 30 minut. Odcedite in posušite. Narežite na ¹/₂ -palčne kocke. Pčcico segrejte na 350°F.

V veliki ponvi na srednjem ognju segrejte 1 žlico olja. Dodajte tempeh in kuhajte, dokler ne porjavi na obeh straneh, približno 8 minut. Tempeh prenesite v 9 x 13-palčni pekač in ga postavite na stran.

V isti ponvi na zmernem ognju segrejte preostalo 1 žlico olja. Dodajte čebulo, papriko in česen. Pokrijte in kuhajte, dokler se zelenjava ne zmehča, približno 7 minut.

Zelenjavno mešanico dodamo v pekač s tempehom. Vmešajte paradižnike s tekočino, riž, juho, fižol v zrnju, peteršilj, začimbo Cajun, timijan, sol in črni poper. Dobro premešajte, nato tesno pokrijte in pecite, dokler se riž ne zmehča, približno 1 uro. Postrezite takoj.

66. Tempeh in pita iz sladkega krompirja

Za 4 porcije

- 8 unč tempeha
- 3 srednje veliki sladki krompirji, olupljeni in narezani na $^1/_2$-palčne kocke
- 2 žlici veganske margarine
- ¼ skodelice navadnega nesladkanega ₍sojinega₎ mleka
- Sol in sveže mlet črni poper
- 2 žlici olivnega olja
- 1 srednje velika rumena čebula, drobno sesekljana
- 2 srednje velika korenčka, sesekljana
- 1 skodelica zamrznjenega graha, odmrznjenega
- 1 skodelica zamrznjenih koruznih zrn, odmrznjenih
- 1 $^{1/2}$ ₍skodelice₎ gobove omake
- ½ ₍čajne žličke₎ posušenega timijana

V srednje veliki ponvi z vrelo vodo kuhajte tempeh 30 minut. Odcedite in posušite. Tempeh drobno sesekljajte in odstavite.

Sladki krompir kuhajte na pari, dokler se ne zmehča, približno 20 minut. Pečico segrejte na 350°F. Sladki krompir pretlačite z margarino, sojinim mlekom ter soljo in poprom po okusu. Odložite.

V veliki ponvi na srednjem ognju segrejte 1 žlico olja. Dodajte čebulo in korenje, pokrijte in kuhajte do mehkega približno 10 minut. Prenesite v 10-palčni pekač.

V isti ponvi na zmernem ognju segrejte preostalo 1 žlico olja. Dodajte tempeh in kuhajte, dokler ne porjavi na obeh straneh, 8 do 10 minut. Tempeh dodamo v pekač s čebulo in korenjem. Vmešajte grah, koruzo in gobovo omako. Dodajte timijan ter sol in poper po okusu. Mešajte, da se združi.

Po vrhu razporedite pire iz sladkega krompirja, tako da z lopatko enakomerno razporedite po robovih pekača. Pečemo, dokler krompir rahlo ne porjavi in nadev ni vroč, približno 40 minut. Postrezite takoj.

67. Testenine, polnjene z jajčevci in tempehom

Za 4 porcije

- 8 unč tempeha
- 1 srednji jajčevec
- 12 velikih lupin testenin
- 1 strok česna, pretlačen
- $1/4$ čajne žličke mletega kajenskega lista
- Sol in sveže mlet črni poper
- Posušite nezačinjene krušne drobtine

- 3 skodelice marinara omake, domače (glejte Marinara omaka) ali kupljene v trgovini

V srednje veliki ponvi z vrelo vodo kuhajte tempeh 30 minut. Odcedimo in postavimo na stran, da se ohladi.

Pečico segrejte na 450°F. Jajčevce prebodemo z vilicami in pečemo na rahlo naoljenem pekaču do mehkega približno 45 minut.

Medtem ko se jajčevci pečejo, v loncu z vrelo slano vodo med občasnim mešanjem skuhamo lupine testenin, dokler niso al dente, približno 7 minut. Odcedimo in spustimo pod hladno vodo. Odložite.

Jajčevec vzamemo iz pečice, po dolžini prepolovimo in odcedimo morebitno tekočino. Zmanjšajte temperaturo pečice na 350 °F. Pekač 9 x 13 palcev rahlo naoljite. V kuhinjskem robotu predelajte česen do fino mletega. Dodajte tempeh in mešajte, dokler ni grobo zmlet. Meso jajčevca postrgajte z lupine in dodajte v kuhinjski robot s tempehom in česnom. Dodajte kajensko papriko, začinite s soljo in poprom po okusu ter premešajte. Če je nadev ohlapen, dodamo malo krušnih drobtin.

Dno pripravljenega pekača namažemo s plastjo paradižnikove omake. Nadev nadevajte v lupine, dokler ni dobro zapakiran.

Na omako razporedite lupine in školjke prelijte s preostalo omako. Pokrijte s folijo in pecite do vročine, približno 30 minut. Odkrijte, potresite s parmezanom in pecite še 10 minut. Postrezite takoj.

68. Singapurski rezanci s tempehom

Za 4 porcije

- 8 unč tempeha, narezanega na $1/2$-palčne kocke
- 8 unč riževih vermikelov
- 1 žlica praženega sezamovega olja
- 2 žlici olja iz kanole ali grozdnih pečk
- 4 žlice sojine omake
- $1/3$ skodelice kremastega arašidovega masla
- $1/2$ skodelice nesladkanega kokosovega mleka
- $1/2$ skodelice vode
- 1 žlica sveževa limoninega soka
- 1 čajna žlička svetlo rjavega sladkorja
- $1/2$ čajne žličke mletega kajenskega lista
- 1 srednje velika rdeča paprika, sesekljana

- 3 skodelice narezanega zelja
- 3 stroki česna
- 1 skodelica sesekljane zelene čebule
- 2 žlički naribanega svežega ingverja
- 1 skodelica zamrznjenega graha, odmrznjenega
- Sol
- $1/4$ skodelice sesekljanih nesoljenih praženih arašidov, za okras
- 2 žlici mletega svežega cilantra za okras

V srednje veliki ponvi z vrelo vodo kuhajte tempeh 30 minut. Odcedite in posušite. Riževe vermicelle namočite v veliko skledo vroče vode, dokler se ne zmehčajo, približno 5 minut. Dobro odcedite, sperite in prenesite v veliko skledo. Prelijemo s sezamovim oljem in odstavimo.

V veliki ponvi segrejte 1 žlico olja oljne repice na srednje močnem ognju. Dodajte kuhan tempeh in kuhajte, dokler ne porjavi z vseh strani, dodajte 1 žlico sojine omake, da dodate barvo in okus. Odstranite tempeh iz ponve in ga postavite na stran.

V mešalniku ali predelovalniku hrane zmešajte arašidovo maslo, kokosovo mleko, vodo, limonin sok, sladkor, kajensko papriko in preostale 3 žlice sojine omake. Obdelujte do gladkega in odstavite.

V veliki ponvi segrejte preostalo 1 žlico repičnega olja na srednje močnem ognju. Dodajte papriko, zelje, česen, zeleno čebulo in ingver ter med občasnim mešanjem kuhajte približno 10 minut, dokler se ne zmehča. Zmanjšajte toploto na nizko; vmešajte grah, popečen tempeh in zmehčane rezance. Omako primešamo, po okusu solimo in dušimo, da se segreje.

Prenesite v veliko servirno skledo, okrasite s sesekljanimi arašidi in koriandrom ter postrezite.

69. Tempeh slanina

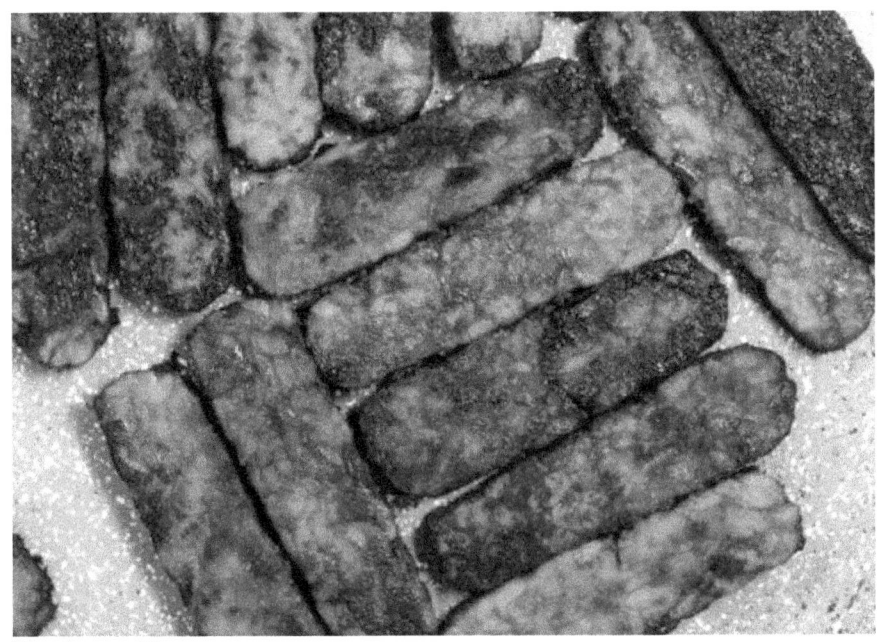

Za 4 porcije

6 unč tempeha
2 žlici olja iz kanole ali grozdnih pečk
2 žlici sojine omake
½ čajne žličke tekočega dima

V srednje veliki ponvi z vrelo vodo kuhajte tempeh 30 minut. Postavite na stran, da se ohladi, nato posušite in narežite na $^1/_8$-palčne trakove.

V večji ponvi na srednjem ognju segrejte olje. Dodamo rezine tempeha in pražimo na obeh straneh, dokler ne porjavijo, približno 3 minute na stran. Pokapajte s sojino omako in tekočim dimom, pri čemer pazite, da ne škropijo. Obrnite tempeh na plašč. Postrezite toplo.

70. Špageti in T-žogice

Za 4 porcije

- 1 funt tempeha
- 2 ali 3 stroki česna, drobno sesekljani
- 3 žlice drobno mletega svežega peteršilja
- 3 žlice sojine omake
- 1 žlica oljčnega olja, plus več za kuhanje
- ¾ skodelice svežih krušnih drobtin
- $1/3$ skodelice pšenične glutenske moke (vitalnega pšeničnega glutena)
- 3 žlice prehranskega kvasa
- $1/2$ čajne žličke posušenega origana
- ½ čajne žličke soli

- ¹/₄ čajne žličke sveže mletega črnega popra
- 1 funt špagetov
- 3 skodelice omake marinara, domače (glej levo) ali kupljene v trgovini

V srednje veliki ponvi z vrelo vodo kuhajte tempeh 30 minut. Dobro odcedimo in narežemo na krhlje.

Kuhan tempeh damo v kuhinjski robot, dodamo česen in peteršilj ter pretlačimo, da postane grobo zmlet. Dodajte sojino omako, olivno olje, krušne drobtine, glutensko moko, kvas, origano, sol in črni poper ter premešajte, da se združi, tako da ostane nekaj teksture. Mešanico tempeha strgajte v skledo in jo z rokami gnetite, dokler ni dobro premešana, 1 do 2 minuti. Z rokami razvaljajte zmes v majhne kroglice, premera največ 1 ¹/² palca. Ponovite s preostalo mešanico tempeha.

V rahlo naoljeni veliki ponvi na srednjem ognju segrejte tanko plast olja. Dodajte T-kroglice, po potrebi v serijah, in kuhajte, dokler ne porjavijo, in jih po potrebi premaknite v ponev, da bodo enakomerno porjavele, 15 do 20 minut. Druga možnost je, da T-kroglice razporedite po naoljenem pekaču in pečete pri 350 °F 25 do 30 minut, približno na polovici pa jih enkrat obrnete.

V velikem loncu z vrelo slano vodo kuhajte špagete na srednje močnem ognju, občasno premešajte, dokler niso al dente, približno 10 minut.

Medtem ko se špageti kuhajo, segrejte omako marinara v srednje veliki ponvi na zmernem ognju, dokler ni vroča.

Ko so testenine kuhane, jih dobro odcedite in razdelite na 4 jedilne krožnike ali plitke sklede za testenine. Vsako porcijo napolnite z nekaj T-kroglicami. Omako prelijte čez T-Balls in špagete ter postrezite vroče. Vse preostale T-kroglice in omako zmešajte v servirno skledo in postrezite.

71. Paglia E Fieno z grahom

Za 4 porcije

- ⅓ skodelice plus 1 žlica oljčnega olja
- 2 srednji šalotki, drobno mleti
- ¼ skodelice sesekljane tempeh slanine, domače (glejte Tempeh slanina) ali kupljene v trgovini (neobvezno)
- Sol in sveže mlet črni poper
- 8 unč običajnega ali polnozrnatega lingvina
- 8 unč špinače linguine
- Veganski parmezan ali parmasio

V veliki ponvi na srednjem ognju segrejte 1 žlico olja. Dodajte šalotko in kuhajte, dokler se ne zmehča, približno 5 minut. Dodamo tempeh slanino, če jo uporabljamo, in kuhamo, da lepo porjavi. Vmešajte gobe in kuhajte, dokler se ne zmehčajo, približno 5 minut. Začinimo s soljo in poprom po okusu. Vmešajte grah in preostalo $\frac{1}{3}$ skodelice olja . Pokrijte in hranite na zelo majhnem ognju.

V velikem loncu z vrelo slano vodo kuhajte lingvine na srednje močnem ognju, občasno premešajte, dokler niso al dente, približno 10 minut. Dobro odcedimo in prestavimo v veliko servirno skledo.

Dodamo omako, začinimo s soljo in poprom po okusu ter potresemo s parmezanom. Nežno premešajte, da se združi in takoj postrezite.

SEITA N

72. Osnovni dušeni sejtan

Tehta približno 2 funta

Seitan

- 1¾ skodelice pšenične glutenske moke (vitalnega pšeničnega glutena)
- ½ čajne žličke soli
- ¹/₂ čajne žličke čebule v prahu
- ¼ čajne žličke sladke paprike
- 1 žlica olivnega olja
- 2 žlici sojine omake
- 1 ²/³ skodelice hladne vode

Tekočina za kuhanje:
- 2 litra vode
- ½ skodelice sojine omake
- 2 stroka česna, zdrobljena

Naredite seitan: V kuhinjskem robotu zmešajte pšenično glutensko moko, prehranski kvas, sol, čebulo v prahu in papriko. Utrip za mešanje. Dodajte olje, sojino omako in vodo ter kuhajte minuto, da oblikujete testo. Zmes zvrnemo na rahlo pomokano delovno površino in gnetemo, dokler ni gladka in elastična, približno 2 minuti.

Pripravite tekočino za vrenje: V veliki ponvi zmešajte vodo, sojino omako in česen.

Testo za sejtan razdelite na 4 enake dele in položite v vrelo tekočino. Pustite, da zavre na srednje močnem ognju, nato zmanjšajte toploto na srednje nizko, pokrijte in počasi kuhajte, občasno obračajte, 1 uro. Ugasnite ogenj in pustite, da se seitan ohladi v tekočini. Ko se seitan ohladi, ga lahko uporabite v receptih ali ga hladite v tekočini v tesno zaprti posodi do enega tedna ali zamrznete do 3 mesece.

73. Polnjena pečena sejtanova pečenka

Za 6 obrokov

- 1 recept Osnovni dušeni sejtan , nekuhan
- 1 žlica oljčnega olja
- 1 majhna rumena čebula, sesekljana
- 1 rebro zelene, mleto
- ½ čajne žličke posušenega timijana
- ½ čajne žličke posušenega žajblja
- ½ skodelice vode ali več, če je potrebno
- Sol in sveže mlet črni poper
- 2 skodelici kock svežega kruha
- ¼ skodelice mletega svežega peteršilja

~delovno~ površino in ga z rahlo pomokanimi rokami raztegnite, dokler ni raven in debel približno 1/2 ~palca~. Položite sploščen sejtan med dva lista plastične folije ali pergamentni papir. Z valjarjem ga čim bolj sploščimo (bo elastičen in odporen). Na vrh položite pekač, obtežen z galono vode ali konzerviranih izdelkov, in pustite počivati, medtem ko pripravljate nadev.

V večji ponvi na srednjem ognju segrejte olje. Dodajte čebulo in zeleno. Pokrijte in kuhajte do mehkega, 10 minut. Vmešajte timijan, žajbelj, vodo ter sol in poper po okusu. Odstranite z ognja in odstavite. Kruh in peteršilj položite v veliko posodo za mešanje. Dodajte mešanico čebule in dobro premešajte, če je nadev presuh, dodajte še malo vode. Okusite, po potrebi prilagodite začimbe. če je potrebno. Odložite.

Pečico segrejte na 350°F. Pekač 9 x 13 palcev rahlo naoljite in postavite na stran. Sploščen seitan razvaljajte z valjarjem, dokler ni debel približno $1/4$ palca. Nadev razporedite po površini sejtan in ga previdno in enakomerno zvijte. Pečeno položite z robom navzdol v pripravljen pekač. Pečenko namažite z malo olja po vrhu in ob straneh ter jo pokrito pecite 45 minut, nato odkrijte in pecite do čvrste in bleščeče rjave barve, približno 15 minut dlje.

Odstranite iz pečice in pustite stati 10 minut pred rezanjem. Z nazobčanim nožem ga narežite na $1/2$-palčne rezine. Opomba: Za najlažje rezanje pripravite pečenko vnaprej in jo pred rezanjem popolnoma ohladite. Celotno ali delno pečenko narežite in nato ponovno segrevajte v pečici, tesno pokrito, 15 do 20 minut, preden postrežete.

74. Seitanova pečenka

Za 4 porcije

- 1 recept Osnovni Dušeni Seitan
- 2 žlici olivnega olja
- 3 do 4 srednje velike šalotke, po dolžini prepolovljene
- 1 funt krompirja Yukon Gold, olupljen in narezan na 2-palčne kose
- ½ čajne žličke posušene slane
- ¼ čajne žličke mletega žajblja
- Sol in sveže mlet črni poper
- Hren, za postreči

Sledite navodilom za pripravo osnovnega dušenega seitana, vendar testo za sejtan pred kuhanjem razdelite na 2 dela namesto na 4. Ko se sejtan 30 minut hladi v juhi, ga odstranite iz ponve in odstavite. Prihranite tekočino za kuhanje in zavrzite vse trdne ostanke. Rezervirajte 1 kos sejtana (približno 1 funt) za prihodnjo uporabo, tako da ga položite v skledo in pokrijete z nekaj rezervirane tekočine za kuhanje. Pokrijte in ohladite, dokler ni potrebno. Če ga ne uporabite v 3 dneh, ga popolnoma ohladite, tesno zavijte in zamrznite.

V veliki ponvi segrejte 1 žlico olja na srednjem ognju. Dodamo šalotko in korenje. Pokrijte in kuhajte 5 minut. Dodamo krompir, timijan, šetraj, žajbelj ter sol in poper po okusu. Dodajte $1\ 1/2$ skodelice prihranjene tekočine za kuhanje in zavrite. Ogenj zmanjšamo na nizko in pokrito kuhamo 20 minut.

Prihranjen seitan natrite s preostalo 1 žlico olja in papriko. Na dušeno zelenjavo položimo seitan. Pokrijte in nadaljujte s kuhanjem, dokler se zelenjava ne zmehča, še približno 20 minut. Seitan narežemo na tanke rezine in razporedimo po velikem servirnem krožniku, obdanem s kuhano zelenjavo. Postrezite takoj, s hrenom zraven.

75. Večerja za zahvalni dan s skoraj eno jedjo

Za 6 obrokov

- 2 žlici olivnega olja
- 1 skodelica drobno sesekljane čebule
- 2 rebri zelene, drobno sesekljani
- 2 skodelici narezanih belih gob
- ½ čajne žličke posušenega timijana
- ½ čajne žličke posušene slane
- $1/2$ žličke mletega žajblja
- Ščepec mletega muškatnega oreščka
- Sol in sveže mlet črni poper
- 2 skodelici kock svežega kruha

- 2 $^{1/2}$ skodelice zelenjavne juhe, domače (glejte Lahka zelenjavna juha) ali kupljene v trgovini
- $^{1/3}$ skodelice sladkanih posušenih brusnic
- 8 unč ekstra trdega tofuja, odcejenega in narezanega na $^1/_4$-palčne rezine
- 8 unč seitana, domačega ali kupljenega, zelo tanko narezanega
- 2 $^{1/2}$ skodelice osnovnega pire krompirja
- 1 list zamrznjenega listnatega testa, odmrznjen

Pečico segrejte na 400°F. 10-palčni kvadratni pekač rahlo naoljite. V večji ponvi na srednjem ognju segrejte olje. Dodajte čebulo in zeleno. Pokrijte in kuhajte, dokler se ne zmehča, približno 5 minut. Primešamo gobe, timijan, šetraj, žajbelj, muškatni orešček ter sol in poper po okusu. Kuhajte brez pokrova, dokler se gobe ne zmehčajo, približno 3 minute dlje. Odložite.

V veliki skledi zmešajte kocke kruha s toliko juhe, kolikor je potrebno za navlažitev (približno

1 $^{1/2}$ skodelice). Dodamo mešanico kuhane zelenjave, orehe in brusnice. Premešajte, da se dobro premeša in odstavite.

V isti ponvi zavrite preostalo 1 skodelico juhe, zmanjšajte toploto na srednjo temperaturo, dodajte tofu in kuhajte nepokrito, dokler se juha ne vpije, približno 10 minut. Odložite.

Na dno pripravljenega pekača razporedimo polovico pripravljenega nadeva, nato polovico sejtana, polovico tofuja in polovico rjave omake. Ponovite nalaganje s preostalim nadevom, seitan, tofu in omaka.

76. Seitan Milanese s pankom in limono

Za 4 porcije

- 2 skodelici panko
- $1/4$ skodelice mletega svežega peteršilja
- $½$ čajne žličke soli
- $1/4$ čajne žličke sveže mletega črnega popra
- 1 funt seitana, domačega ali kupljenega, narezanega na $1/4$-palčne rezine
- 2 žlici olivnega olja
- 1 limona, narezana na kolesca

Pečico segrejte na 250°F. V veliki skledi zmešajte panko, peteršilj, sol in poper. Seitan navlažite z malo vode in ga potopite v panko mešanico.

V veliki ponvi segrejte olje na srednje močnem ognju. Dodajte seitan in kuhajte, enkrat obrnite, dokler ni zlato rjava, po potrebi delajte v serijah. Kuhanega sejtana prestavimo na pekač in pustimo na toplem v pečici, medtem ko pečemo ostalo. Postrezite takoj, z rezinami limone.

77. Seitan v sezamovi skorjici

Za 4 porcije

- ⅓ skodelice sezamovih semen
- ⅓ skodelice večnamenske moke
- ½ čajne žličke soli
- ¼ čajne žličke sveže mletega črnega popra
- ½ skodelice navadnega nesladkanega sojinega mleka
- 1 funt seitana, domačega ali kupljenega seitana, narezanega na ¼-palčne rezine
- 2 žlici olivnega olja

Sezamova semena damo v suho ponev na zmerni ogenj in med stalnim mešanjem pražimo do svetlo zlate barve 3 do 4 minute. Odstavimo, da se ohladijo, nato pa jih zmeljemo v kuhinjskem robotu ali mlinčku za začimbe.

Zmleta sezamova semena damo v plitvo skledo in dodamo moko, sol in poper ter dobro premešamo. Sojino mleko dajte v plitvo skledo. Seitan pomočite v sojino mleko in ga nato potopite v sezamovo mešanico.

V večji ponvi na srednjem ognju segrejte olje. Dodajte seitan, po potrebi v serijah, in kuhajte, dokler ni hrustljav in zlato rjav na obeh straneh, približno 10 minut. Postrezite takoj.

78. Seitan z artičokami in olivami

Za 4 porcije

- 2 žlici olivnega olja
- 1 funt seitana, domačega ali kupljenega, narezanega na $1/4$-palčne rezine
- 2 stroka česna, nasekljana
- 1 (14,5 unč) pločevinka paradižnika, narezanega na kocke, odcejenega
- 1 $1/2$ skodelice konzerviranih ali zamrznjenih (kuhanih) srčkov artičok, narezanih na $1/4$-palčne rezine
- 1 žlica kaper
- 2 žlici sesekljanega svežega peteršilja
- Sol in sveže mlet črni poper
- 1 skodelica tofu feta (neobvezno)

Pečico segrejte na 250°F. V veliki ponvi segrejte 1 žlico olja na srednje močnem ognju. Dodajte seitan in zapecite na obeh straneh, približno 5 minut. Seitan prenesite na toplotno odporen krožnik in ga hranite na toplem v pečici.

V isti ponvi na srednjem ognju segrejte preostalo 1 žlico olja. Dodajte česen in kuhajte, dokler ne zadiši, približno 30 sekund. Dodajte paradižnik, srčke artičok, olive, kapre in peteršilj. Začinite s soljo in poprom po okusu ter kuhajte, dokler ni vroče, približno 5 minut. Odložite.

Seitan položite na servirni krožnik, prelijte z zelenjavno mešanico in potresite s feto tofujem, če ga uporabljate. Postrezite takoj.

79. Seitan z omako Ancho-Chipotle

Za 4 porcije

- 2 žlici olivnega olja
- 1 srednja čebula, sesekljana
- 2 srednje velika korenčka, sesekljana
- 2 stroka česna, nasekljana
- 1 (28 unč) pločevinka zdrobljenih na ognju praženih paradižnikov
- ½ skodelice zelenjavne juhe, domače (glejte Lahka zelenjavna juha) ali kupljene v trgovini
- 2 suha čilija
- 1 posušen chipotle čili

- ½ skodelice rumene koruzne ₘₒₖₑ
- ½ čajne žličke soli
- ¹/₄ čajne žličke sveže mletega črnega popra
- 1 funt seitana, domačega ali kupljenega, narezanega na ¹/₄ palčne rezine

V veliki ponvi segrejte 1 žlico olja na srednjem ognju. Dodajte čebulo in korenje, pokrijte in kuhajte 7 minut. Dodajte česen in kuhajte 1 minuto. Vmešajte paradižnik, juho ter čili in chipotle. Odkrito dušite 45 minut, nato omako vlijte v mešalnik in mešajte, dokler ni gladka. Vrnite se v ponev in hranite na zelo nizkem ognju.

V plitvi skledi zmešajte koruzni zdrob s soljo in poprom. Seitan potopite v mešanico koruzne moke in enakomerno pokrijte.

V veliki ponvi na srednjem ognju segrejte 2 preostali žlici olja. Dodajte seitan in kuhajte, dokler ne porjavi na obeh straneh, skupaj približno 8 minut. Takoj postrezite s čilijevo omako.

80. Seitan Piccata

Za 4 porcije

- 1 funt seitana, domačega ali kupljenega v trgovini, narezanega na $^1/_4$-palčne rezine Sol in sveže mlet črni poper
- ½ skodelice večnamenske ₘₒₖₑ
- 2 žlici olivnega olja
- 1 srednja šalotka, mleta
- 2 stroka česna, nasekljana
- 2 žlici kaper
- ⅓ skodelice belega vina
- 1/3 skodelice zelenjavne juhe, domače (glejte Lahka zelenjavna juha) ali kupljene v ₜᵣgₒᵥᵢₙᵢ
- 2 žlici svežega limoninega soka
- 2 žlici veganske margarine
- 2 žlici mletega svežega peteršilja

Pečico segrejte na 275°F. Seitan po okusu začinimo s soljo in poprom ter potresemo v moko.

V veliki ponvi na srednjem ognju segrejte 2 žlici olja. Dodajte izrezan seitan in kuhajte, dokler rahlo ne porjavi na obeh straneh, približno 10 minut. Seitan prenesite na toplotno odporen krožnik in ga hranite na toplem v pečici.

V isti ponvi na zmernem ognju segrejte preostalo 1 žlico olja. Dodajte šalotko in česen, kuhajte 2 minuti, nato vmešajte kapre, vino in juho. Dušimo minuto ali dve, da se nekoliko zmanjša, nato dodamo limonin sok, margarino in peteršilj ter mešamo, dokler se margarina ne zmeša z omako. Popečeni sejtan prelijemo z omako in takoj postrežemo.

81. Seitan s tremi semeni

Za 4 porcije

- ¹/₄ skodelice nesoljenih oluščenih sončničnih semen
- ¹/₄ skodelice nesoljenih oluščenih bučnih semen (pepita)
- ¹/₄ skodelice sezamovih semen
- ¾ skodelice večnamenske moke
- 1 čajna žlička mletega koriandra
- 1 čajna žlička prekajene paprike
- ½ čajne žličke soli
- ¹/₄ čajne žličke sveže mletega črnega popra
- 1 funt seitana, domačega ali kupljenega v trgovini, narezanega na majhne koščke
- 2 žlici olivnega olja

V kuhinjskem robotu zmešajte sončnična semena, bučna semena in sezamovo seme ter jih zmeljite v prah. Prenesite v plitvo skledo, dodajte moko, koriander, papriko, sol in poper ter premešajte, da se združi.

Koščke seitana navlažite z vodo, nato jih potopite v mešanico semen, da se popolnoma prekrijejo.

V večji ponvi na srednjem ognju segrejte olje. Dodajte seitan in kuhajte, dokler rahlo ne porjavi in hrustljavo na obeh straneh. Postrezite takoj.

82. Fajitas brez meja

Za 4 porcije

- 1 žlica oljčnega olja
- 1 majhna rdeča čebula, sesekljana
- 10 unč seitana, domačega ali kupljenega v trgovini, narezanega na $1/2$-palčne trakove
- $1/4$ skodelice vročega ali blagega mletega zelenega čilija v pločevinkah
- Sol in sveže mlet črni poper
- (10-palčne) tortilje iz mehke moke
- 2 skodelici paradižnikove salse, domače (glejte Sveža paradižnikova salsa) ali kupljene v trgovini

V večji ponvi na srednjem ognju segrejte olje. Dodajte čebulo, pokrijte in kuhajte, dokler se ne zmehča, približno 7 minut. Dodajte seitan in kuhajte nepokrito 5 minut.

Dodajte sladki krompir, čili, origano ter sol in poper po okusu ter premešajte, da se dobro premeša. Nadaljujte s kuhanjem, dokler ni mešanica vroča in se okusi dobro premešajo, občasno premešajte, približno 7 minut.

Tortilje segrejte v suhi ponvi. Vsako tortiljo položite v plitvo skledo. Z žlico nanesite mešanico seitana in sladkega krompirja na tortilje, nato pa vsako prelijte s približno ⅓ skodelico salse. Poškropite vsako skledo z 1 žlico oliv, če jih uporabljate. Postrezite takoj, zraven pa postrežite še preostalo salso.

83. Sejtan z okusom zelenega jabolka

Za 4 porcije

- 2 jabolki Granny Smith, grobo narezani
- ½ skodelice drobno sesekljane rdeče čebule
- $1/2$ jalapeño čilija, brez semen in mletega
- 1 $1/2$ žlički naribanega svežega ingverja
- 2 žlici svežega limetinega soka
- 2 žlički agavinega nektarja
- Sol in sveže mlet črni poper
- 2 žlici olivnega olja
- 1 funt seitana, domačega ali kupljenega, narezanega na $1/2$-palčne rezine

V srednji skledi zmešajte jabolka, čebulo, čili, ingver, limetin sok, agavin nektar ter sol in poper po okusu. Odložite.

V ponvi na srednjem ognju segrejte olje. Dodajte seitan in kuhajte, dokler ne porjavi na obeh straneh, enkrat obrnite, približno 4 minute na vsako stran. Začinimo s soljo in poprom po okusu. Dodamo jabolčni sok in kuhamo minuto, da se zreducira. Takoj postrezite z jabolčno prelivom.

84. Seitan in brokoli-shiitake mešanica

Za 4 porcije

- 2 žlici olja iz kanole ali grozdnih pečk
- 10 unč seitana, domačega ali kupljenega, narezanega na $^1/_4$-palčne rezine
- 3 stroki česna, sesekljani
- 2 žlički naribanega svežega ingverja
- zelena čebula, mleto
- 1 srednji šop brokolija, narezan na 1-palčne cvetke
- 3 žlice sojine omake
- 2 žlici suhega šerija
- 1 čajna žlička praženega sezamovega olja
- 1 žlica praženih sezamovih semen

V veliki ponvi segrejte 1 žlico olja na srednje močnem ognju. Dodajte seitan in kuhajte, občasno premešajte, dokler rahlo ne porjavi, približno 3 minute. Sejtan prestavimo v skledo in odstavimo.

V isti ponvi na srednje močnem ognju segrejte preostalo 1 žlico olja. Dodajte gobe in med pogostim mešanjem kuhajte, dokler ne porjavijo, približno 3 minute. Vmešajte česen, ingver in zeleno čebulo ter kuhajte še 30 sekund. Kuhanemu seitanu dodamo gobjo mešanico in odstavimo.

V isto ponev dodajte brokoli in vodo. Pokrijte in kuhajte, dokler brokoli ne postane svetlo zelen, približno 3 minute. Odkrijte in med pogostim mešanjem kuhajte, dokler tekočina ne izhlapi in brokoli postane hrustljavo mehak, približno 3 minute dlje.

Mešanico seitana in gob vrnite v ponev. Dodajte sojino omako in šeri ter med mešanjem pražite, dokler se seitan in zelenjava ne segreta, približno 3 minute. Potresemo s sezamovim oljem in sezamovimi semeni ter takoj postrežemo.

85. Seitanske brošete z breskvami

Za 4 porcije

- ⅓ skodelice balzamičnega kisa
- 2 žlici suhega rdečega vina
- 2 žlici svetlo rjavega sladkorja
- ¼ skodelice sesekljane sveže bazilike
- ¼ skodelice sesekljanega svežega majarona
- 2 žlici mletega česna
- 2 žlici olivnega olja
- 1 funt seitana, domačega ali kupljenega v trgovini, narezanega na 1-palčne kose
- šalotko, po dolžini prepolovimo in blanširamo
- Sol in sveže mlet črni poper
- 2 zreli breskvi, brez koščic in narezani na 1-palčne krhlje

zmešajte kis, vino in sladkor ter zavrite. Zmanjšajte toploto na srednjo in med mešanjem kuhajte, dokler se ne zmanjša za polovico, približno 15 minut. Odstranite z ognja.

V veliki skledi zmešajte baziliko, majaron, česen in olivno olje. Dodajte sejtan, šalotko in breskve ter premešajte. Začinimo s soljo in poprom po okusu

Predgrejte žar. *Seitan, šalotko in breskve nanizajte na nabodala in premažite z balzamično mešanico.

Brošete položite na žar in pecite, dokler se seitan in breskve ne zapečejo, približno 3 minute na vsako stran. Premažite s preostalo balzamično mešanico in takoj postrezite.

*Namesto pečenja na žaru lahko te brošete postavite pod brojlerje. Pecite 4 do 5 centimetrov od vročine, dokler ni vroče in rahlo porjavelo po robovih, približno 10 minut, na polovici pa enkrat obrnite.

86. Seitan in zelenjavni ražnjiči na žaru

Za 4 porcije

- ⅓ skodelice balzamičnega kisa
- 2 žlici olivnega olja
- 1 žlica mletega svežega origana ali 1 žlička posušenega
- 2 stroka česna, nasekljana
- ½ čajne žličke soli
- ¼ čajne žličke sveže mletega črnega popra
- 1 funt seitana, domačega ali kupljenega v trgovini, narezanega na 1-palčne kocke
- 7 unč majhnih belih gob, rahlo opranih in osušenih
- 2 majhni bučki, narezani na 1-palčne koščke
- 1 srednje velika rumena paprika, narezana na 1-palčne kvadrate
- zrel češnjev paradižnik

V srednje veliki skledi zmešajte kis, olje, origano, timijan, česen, sol in črni poper. Dodajte seitan, gobe, bučke, papriko in paradižnik ter jih obrnite na plašč. Marinirajte pri sobni temperaturi 30 minut in občasno obrnite. Sejtan in zelenjavo odcedimo, marinado pa pustimo.

Predgrejte žar. *Seitan, gobe in paradižnik nanizajte na nabodala.

Nabodala položimo na segret žar in pečemo, tako da ražnjiče enkrat obrnemo na polovici pečenja, skupaj približno 10 minut. Pokapajte z majhno količino prihranjene marinade in takoj postrezite.

*Namesto na žaru lahko ta nabodala nataknete pod brojlerje. Pecite 4 do 5 centimetrov od vročine, dokler ni vroče in rahlo porjavelo okoli robov, približno 10 minut, na polovici pečenja pa enkrat obrnite.

87. Seitan En Croute

Za 4 porcije

- 1 žlica olivnega olja
- 2 srednji šalotki, mleti
- unč belih gob, mletih
- $1/4$ skodelice Madeire
- 1 žlica mletega svežega peteršilja
- ½ čajne žličke posušenega timijana
- ½ čajne žličke posušene slane
- 2 skodelici drobno sesekljanih kock suhega kruha
- Sol in sveže mlet črni poper
- 1 list zamrznjenega listnatega testa, odmrznjen
- (1/4 palca debele) rezine seitana približno 3 X 4 - palčne ovalne ali pravokotne oblike, posušene

V večji ponvi na srednjem ognju segrejte olje. Dodajte šalotko in kuhajte, dokler se ne zmehča, približno 3 minute. Dodajte gobe in med občasnim mešanjem kuhajte, dokler se gobe ne zmehčajo, približno 5 minut. Dodamo madiero, peteršilj, timijan in šetraj ter kuhamo toliko časa, da tekočina skoraj izhlapi. Vmešajte kruhove kocke in po okusu začinite s soljo in poprom. Odstavimo, da se ohladi.

List listnatega testa položite na velik kos plastične folije na ravno delovno površino. Pokrijte z drugim kosom plastične folije in pecivo z valjarjem rahlo razvaljajte, da postane gladko. Pecivo narežemo na četrtine. Na sredino vsakega kosa peciva položite 1 rezino sejtana. Po njih razdelite nadev in ga razporedite tako, da pokrije seitan. Vsako obložite s preostalimi rezinami seitana. Pecivo prepognemo, da objamemo nadev, robove pa stisnemo s prsti, da se zaprejo. Pakete peciva s šivi navzdol položite na velik nenamaščen pekač in jih za 30 minut ohladite. Pečico segrejte na 400°F. Pečemo, dokler skorja ni zlato rjave barve, približno 20 minut. Postrezite takoj.

88. Torta s sejtanom in krompirjem

Za 6 obrokov

- 2 žlici olivnega olja
- 1 srednja rumena čebula, sesekljana
- 4 skodelice sesekljane sveže mlade špinače ali pecljate blitve
- 8 unč seitana, domačega ali kupljenega, drobno sesekljanega
- 1 čajna žlička mletega svežega majarona
- $1/2$ čajne žličke mletega semena komarčka
- $1/4$ do $1/2$ čajne žličke zdrobljene rdeče paprike
- Sol in sveže mlet črni poper
- 2 funta krompirja Yukon Gold, olupljenega in narezanega na $1/4$-palčne rezine
- $1/2$ skodelice veganskega parmezana ali parmazija

Pečico segrejte na 400°F. 3-litrsko enolončnico ali 9 x 13-palčni pekač rahlo naoljite in postavite na stran.

V veliki ponvi na srednjem ognju segrejte 1 žlico olja. Dodajte čebulo, pokrijte in kuhajte, dokler se ne zmehča, približno 7 minut. Dodajte špinačo in kuhajte, nepokrito, dokler ne oveni, približno 3 minute. Vmešajte seitan, majaron, semena komarčka in zdrobljeno rdečo papriko ter kuhajte, dokler se dobro ne premeša. Začinimo s soljo in poprom po okusu. Odložite.

Rezine paradižnika razporedite po dnu pripravljene ponve. Na vrh položite plast rezin krompirja, ki se rahlo prekrivajo. Krompirjevo plast namažite z nekaj preostale 1 žlice olja ter začinite s soljo in poprom po okusu. Približno polovico mešanice seitana in špinače razporedite po krompirju. Na vrh položite drugo plast krompirja, ki ji sledi preostala mešanica seitana in špinače. Na vrh položite zadnjo plast krompirja, pokapajte s preostalim oljem ter po okusu solite in poprajte. Potresemo s parmezanom. Pokrijte in pecite, dokler se krompir ne zmehča, od 45 minut do 1 ure. Odkrijte in nadaljujte s peko, da vrh porjavi, 10 do 15 minut. Postrezite takoj.

89. Rustikalna domača pita

Za 4 do 6 obrokov

- Krompir Yukon Gold, olupljen in narezan na 1-palčne kocke
- 2 žlici veganske margarine
- ¼ skodelice navadnega nesladkanega $_{sojinega}$ mleka
- Sol in sveže mlet črni poper
- 1 žlica olivnega olja
- 1 srednje velika rumena čebula, drobno sesekljana

- 1 srednje velik korenček, drobno narezan
- 1 rebro zelene, drobno sesekljano
- unč seitana, domačega ali kupljenega, drobno sesekljanega
- 1 skodelica zamrznjenega graha
- 1 skodelica zamrznjenih koruznih zrn
- 1 čajna žlička posušene slane
- ½ čajne žličke posušenega timijana

V ponvi z vrelo slano vodo kuhajte krompir, dokler se ne zmehča, 15 do 20 minut. Dobro odcedimo in vrnemo v lonec. Dodajte margarino, sojino mleko ter sol in poper po okusu. S tlačilko za krompir grobo pretlačimo in odstavimo. Pečico segrejte na 350°F.

V večji ponvi na srednjem ognju segrejte olje. Dodajte čebulo, korenje in zeleno. Pokrijte in kuhajte, dokler se ne zmehča, približno 10 minut. Zelenjavo prenesite v pekač 9 x 13 palcev. Vmešajte sejtan, gobovo omako, grah, koruzo, slanico in timijan. Po okusu začinimo s soljo in poprom ter zmes enakomerno razporedimo po pekaču.

Na vrh položite pire krompir, ki ga razporedite do robov pekača. Pečemo, dokler krompir ne porjavi in nadev postane mehurček, približno 45 minut. Postrezite takoj.

90. Sejtan s špinačo in paradižnikom

Za 4 porcije

- 2 žlici olivnega olja
- 1 funt seitana, domačega ali kupljenega v trgovini, narezanega na $^1/_4$-palčne trakove
- Sol in sveže mlet črni poper
- 3 stroki česna, sesekljani
- 4 skodelice sveže mlade špinače
- v olju sušeni paradižniki, narezani na $^1/_4$-palčne trakove
- $^1/_2$ skodelice razpolovljenih oliv Kalamata brez koščic
- 1 žlica kaper
- $^1/_4$ čajne žličke zdrobljene rdeče paprike

V večji ponvi na srednjem ognju segrejte olje. Dodajte seitan, začinite s soljo in črnim poprom po okusu ter kuhajte, dokler ne porjavi, približno 5 minut na vsako stran.

Dodamo česen in kuhamo 1 minuto, da se zmehča. Dodajte špinačo in kuhajte, dokler ne oveni, približno 3 minute. Vmešajte paradižnik, olive, kapre in mleto rdečo papriko. Po okusu začinimo s soljo in črnim poprom. Med mešanjem kuhajte, dokler se okusi ne premešajo, približno 5 minut

Postrezite takoj.

91. Seitan in narezan krompir

Za 4 porcije

- 2 žlici olivnega olja
- 1 majhna rumena čebula, sesekljana
- ¼ skodelice mlete zelene paprike
- velik krompir Yukon Gold, olupljen in narezan na $^1/_4$-palčne rezine
- ½ čajne žličke soli
- $^1/_4$ čajne žličke sveže mletega črnega popra
- 10 unč seitana, domačega ali kupljenega, sesekljanega
- ½ skodelice navadnega nesladkanega sojinega mleka
- 1 žlica veganske margarine
- 2 žlici mletega svežega peteršilja kot okras

Pečico segrejte na 350°F. 10-palčni kvadratni pekač rahlo naoljite in postavite na stran.

V ponvi na srednjem ognju segrejte olje. Dodajte čebulo in papriko ter kuhajte, dokler se ne zmehča, približno 7 minut. Odložite.

V pripravljen pekač položite polovico krompirja in po okusu potresite s soljo in črnim poprom. Po vrhu krompirja potresemo mešanico čebule in paprike ter sesekljan sejtan. Na vrh položite preostale rezine krompirja in po okusu začinite s soljo in črnim poprom.

V srednji skledi zmešajte rjavo omako in sojino mleko, dokler se dobro ne premešata. Prelijemo po krompirju. Zgornjo plast namažemo z margarino in tesno pokrijemo s folijo. Pečemo 1 uro. Odstranite folijo in pecite dodatnih 20 minut ali dokler vrh ne postane zlato rjav. Takoj postrežemo posuto s peteršiljem.

92. Korejski rezanci Stir-Fry

Za 4 porcije

- 8 unč dang myun ali fižolovih rezancev
- 2 žlici praženega sezamovega olja
- 1 žlica sladkorja
- ¼ čajne žličke soli
- $1/4$ čajne žličke mletega kajenskega lista
- 2 žlici olja iz kanole ali grozdnih pečk
- 8 unč seitana, domačega ali kupljenega v trgovini, narezanega na $1/4$-palčne trakove
- 1 srednja čebula, prepolovljena po dolžini in na tanke rezine
- 1 srednje velik korenček, narezan na tanke vžigalice
- 6 unč svežih gob šitake, brez pecljev in na tanke rezine
- 3 skodelice drobno narezanega bok choya ali drugega azijskega zelja
- 3 zelene čebule, sesekljane

- 3 stroki česna, drobno sesekljani
- 1 skodelica fižolovih kalčkov
- 2 žlici sezamovih semen, za okras

Rezance za 15 minut namočite v vrelo vodo. Odcedite in sperite pod mrzlo vodo. Odložite.

V majhni skledi zmešajte sojino omako, sezamovo olje, sladkor, sol in kajensko papriko ter pustite na stran.

V veliki ponvi segrejte 1 žlico olja na srednje močnem ognju. Dodajte seitan in med mešanjem pražite, dokler ne porjavi, približno 2 minuti. Odstranite iz ponve in postavite na stran.

Dodajte preostalo 1 žlico repičnega olja v isto ponev in segrejte na srednje močnem ognju. Dodamo čebulo in korenček ter med mešanjem pražimo, dokler se ne zmehčata, približno 3 minute. Dodajte gobe, bok choy, zeleno čebulo in česen ter med mešanjem pražite, dokler se ne zmehčajo, približno 3 minute.

Dodajte fižolove kalčke in med mešanjem pražite 30 sekund, nato dodajte kuhane rezance, popečen seitan in mešanico sojine omake ter premešajte, da se prekrije. Nadaljujte s kuhanjem, občasno premešajte, dokler se sestavine ne segrejejo in dobro povežejo, 3 do 5 minut. Prestavimo v velik servirni krožnik, potresemo s sezamovimi semeni in takoj postrežemo.

93. Čili z rdečim fižolom, začinjen s kretenom

Za 4 porcije

- 1 žlica olivnega olja
- 1 srednja čebula, sesekljana
- 10 unč seitana, domačega ali kupljenega, sesekljanega
- 3 skodelice kuhanega ali 2 (15,5 unč) pločevinki temno rdečega fižola, odcejenega in opranega
- (14,5 unč) lahko zdrobljen paradižnik
- (14,5 unč) lahko na kocke narezanega paradižnika, odcejenega
- (4 unče) lahko sesekljan blag ali pekoč zelen čili, odcejen
- ½ skodelice omake za žar, domače ali kupljene
- 1 skodelica vode
- 1 žlica sojine omake
- 1 žlica čilija v prahu

- 1 čajna žlička mlete kumine
- 1 čajna žlička mletega pimenta
- 1 čajna žlička sladkorja
- ½ čajne žličke mletega origana
- ¼ čajne žličke mletega kajenskega lista
- ½ čajne žličke soli
- ¼ čajne žličke sveže mletega črnega popra

V velikem loncu segrejte olje na zmernem ognju. Dodajte čebulo in seitan. Pokrijte in kuhajte, dokler se čebula ne zmehča, približno 10 minut.

Vmešajte fižol v zrnju, zdrobljen paradižnik, na kocke narezan paradižnik in čili. Zmešajte omako za žar, vodo, sojino omako, čili v prahu, kumino, piment, sladkor, origano, kajenski list, sol in črni poper.

Zavremo, nato zmanjšamo ogenj na srednjo temperaturo in pokrito kuhamo, dokler se zelenjava ne zmehča, približno 45 minut. Odkrijte in dušite še približno 10 minut. Postrezite takoj.

94. Jesenska enolončnica

Za 4 do 6 obrokov

- 2 žlici olivnega olja
- 10 unč seitana, domačega ali kupljenega v trgovini, narezanega na 1-palčne kocke
- Sol in sveže mlet črni poper
- 1 velika rumena čebula, sesekljana
- 2 stroka česna, nasekljana
- 1 velik rdečerjav krompir, olupljen in narezan na $1/2$-palčne kocke
- 1 srednji pastinak, narezan na $1/4$-palčne kocke
- 1 majhna maslena buča, olupljena, razpolovljena, brez semen in narezana na $1/2$-palčne kocke
- 1 manjša glava savojskega zelja, sesekljana
- 1 (14,5 unč) pločevinka paradižnika, narezanega na kocke, odcejenega
- $1\,1/2$ skodelice kuhane ali 1 (15,5 unča) pločevinke čičerike, odcejene in oprane

- 2 skodelici zelenjavne juhe, domače (glejte Lahka zelenjavna juha) ali kupljene v trgovini, ali vode
- ½ čajne žličke _{posušenega} majarona
- ½ _{čajne žličke} posušenega timijana
- $1/2$ skodelice zdrobljenih testenin z angelskimi lasmi

V veliki ponvi segrejte 1 žlico olja na srednje močnem ognju. Dodajte seitan in kuhajte, dokler ne porjavi z vseh strani, približno 5 minut. Po okusu začinimo s soljo in poprom ter odstavimo.

V veliki ponvi na srednjem ognju segrejte preostalo 1 žlico olja. Dodajte čebulo in česen. Pokrijte in kuhajte, dokler se ne zmehča, približno 5 minut. Dodajte krompir, korenček, pastinak in bučo. Pokrijte in kuhajte, dokler se ne zmehča, približno 10 minut.

Primešajte zelje, paradižnik, čičeriko, juho, vino, majaron, timijan ter sol in poper po okusu. Zavremo, nato zmanjšamo toploto na nizko. Pokrijte in med občasnim mešanjem kuhajte, dokler se zelenjava ne zmehča, približno 45 minut. Dodajte kuhan seitan in testenine ter dušite, dokler se testenine ne zmehčajo in se okusi premešajo, približno 10 minut dlje. Postrezite takoj.

95. Italijanski riž s sejtanom

Za 4 porcije

- 2 skodelici vode
- 1 skodelica dolgozrnatega rjavega ali belega riža
- 2 žlici olivnega olja
- 1 srednje velika rumena čebula, sesekljana
- 2 stroka česna, nasekljana
- 10 unč seitana, domačega ali kupljenega, sesekljanega
- 4 unče belih gob, narezanih
- 1 čajna žlička posušene bazilike
- $1/2$ čajne žličke mletega semena komarčka
- $1/4$ čajne žličke zdrobljene rdeče paprike
- Sol in sveže mlet črni poper

V veliki kozici na močnem ognju zavrite vodo. Dodajte riž, zmanjšajte ogenj na nizko, pokrijte in kuhajte, dokler se ne zmehča, približno 30 minut.

V večji ponvi na srednjem ognju segrejte olje. Dodajte čebulo, pokrijte in kuhajte, dokler se ne zmehča, približno 5 minut. Dodamo seitan in kuhamo nepokrito, dokler ne porjavi. Vmešajte gobe in kuhajte, dokler se ne zmehčajo, še približno 5 minut. Vmešajte baziliko, koromač, zdrobljeno rdečo papriko ter sol in črni poper po okusu.

Kuhan riž prenesite v veliko servirno skledo. Vmešajte mešanico seitana in dobro premešajte. Dodajte izdatno količino črnega popra in takoj postrezite.

96. Hašiš z dvema krompirjema

Za 4 porcije

- 2 žlici olivnega olja
- 1 srednja rdeča čebula, sesekljana
- 1 srednje velika rdeča ali rumena paprika, sesekljana
- 1 kuhan srednje rdeč krompir, olupljen in narezan na ½-palčne kocke
- 1 srednje velik kuhan sladki krompir, olupljen in narezan na ½-palčne kocke
- 2 skodelici sesekljanega seitana, domačega
- Sol in sveže mlet črni poper

V veliki ponvi segrejte olje na srednji vročini. Dodajte čebulo in papriko. Pokrijte in kuhajte, dokler se ne zmehča, približno 7 minut.

Dodajte beli krompir, sladki krompir in sejtan ter začinite s soljo in poprom po okusu. Kuhajte brez pokrova, dokler rahlo ne porjavi, ob pogostem mešanju približno 10 minut. Postrezite toplo.

97. Seitan Enchiladas s kislo smetano

SLUŽBE 8
SESTAVINE

Seitan
- 1 skodelica vitalne pšenične glutenske moke
- 1/4 skodelice čičerikine moke
- 1/4 skodelice prehranskega kvasa
- 1 čajna žlička čebule v prahu
- 1/2 čajne žličke česna v prahu
- 1 1/2 žličke zelenjavne osnove v prahu
- 1/2 skodelice vode
- 2 žlici sveže iztisnjenega limoninega soka
- 2 žlici sojine omake
- 2 skodelici zelenjavne juhe

Omaka iz kisle smetane
- 2 žlici veganske margarine

- 2 žlici moke
- 1 1/2 skodelice zelenjavne juhe
- 2 (8 oz) škatli veganske kisle smetane
- 1 skodelica salse verde (tomatillo salsa)
- 1/2 čajne žličke soli
- 1/2 čajne žličke mletega belega popra
- 1/4 skodelice sesekljanega cilantra

Enchiladas
- 2 žlici olivnega olja
- 1/2 srednje velike čebule, narezane na kocke
- 2 stroka česna, nasekljana
- 2 serrano čilija, mleta (glejte nasvet)
- 1/4 skodelice paradižnikove paste
- 1/4 skodelice vode
- 1 žlica kumine
- 2 žlici čilija v prahu
- 1 čajna žlička soli
- 15-20 koruznih tortilj
- 1 (8 oz) paket Daiya Cheddar Style Shreds
- 1/2 skodelice sesekljanega cilantra

METODA

a) Pripravite seitan. Pečico segrejte na 325 stopinj Fahrenheita. Pokrito posodo rahlo naoljite s pršilom proti prijemanju. V veliki skledi zmešajte moko, prehranski kvas, začimbe in zelenjavno osnovo v prahu. V majhni skledi zmešajte vodo, limonin sok in sojino omako. Dodajte mokre sestavine k suhim sestavinam in mešajte, dokler ne nastane testo. Po potrebi prilagodite količino vode ali glutena (glejte nasvet). Testo gnetemo 5 minut, nato ga oblikujemo v hlebček. Sejtan položite v enolončnico in prelijte z 2 skodelicama zelenjavne juhe. Pokrijte in kuhajte 40 minut. Štruco obrnite, nato pokrijte in pecite še 40 minut. Odstranite sejtan iz posode in ga pustite počivati, dokler se dovolj ohladi, da ga lahko obvladate.

b) Zapičite vilice v vrh sejtanove štruce in jih držite na mestu z eno roko. Z drugo vilico razrežite štruco na majhne koščke in drobtine.

c) Pripravite omako iz kisle smetane. V velikem loncu na zmernem ognju stopite margarino. Z metlico za stepanje vmešamo moko in kuhamo 1 minuto. Med nenehnim mešanjem počasi prilivamo zelenjavno juho, da postane gladka. Kuhajte 5 minut, nenehno mešajte, dokler se omaka ne zgosti. Stepite kislo smetano in salso verde, nato pa vmešajte preostale sestavine omake. Ne pustite, da zavre, ampak kuhajte, dokler se ne segreje. Odstranite z ognja in odstavite.

d) Pripravite enchilade. V veliki ponvi na srednjem ognju segrejte olivno olje. Dodajte čebulo in kuhajte 5 minut ali dokler ne postekleni. Dodajte česen in Serrano čili ter kuhajte še 1 minuto. Vmešajte narezan seitan, paradižnikovo pasto, kumino, čili v prahu in sol. Kuhajte 2 minuti, nato odstranite z ognja.

e) Pečico segrejte na 350 stopinj Fahrenheita. Tortilje segrejemo na ponvi ali v mikrovalovni pečici in pokrijemo s kuhinjsko krpo. Razporedite 1 skodelico kisle smetanove omake po dnu 5-litrskega pekača. Na tortiljo položite pičlo 1/4 skodelice narezane mešanice seitana in 1 žlico Daiya. Zvijemo in položimo v pekač s robom navzdol. Ponovite s preostalimi tortiljami. Enhilade pokrijte s preostalo kislo smetano omako, nato jih potresite z Daiyo.

f) Enhilade pečemo 25 minut ali dokler ne nabreknejo in rahlo porjavijo. Pustite, da se ohladi 10 minut.

Potresemo s 1/2 skodelice sesekljanega cilantra in postrežemo.

98. Veganska polnjena pečenka iz seitana

Sestavine

Za sejtana:
- 4 veliki stroki česna
- 350 ml hladne zelenjavne juhe
- 2 žlici sončničnega olja
- 1 žlička marmite po želji
- 280 g vitalnega pšeničnega glutena

- 3 žlice prehranskih kvasovih kosmičev
- 2 žlički sladke paprike
- 2 žlički zelenjavne juhe v prahu
- 1 žlička svežih iglic rožmarina
- ½ žličke črnega popra

Plus:
- 500 g veganskega nadeva iz rdečega zelja in gob
- 300 g pikantnega bučnega pireja
- Metrika – običajno v ZDA

Navodila
a) Pečico predhodno segrejte na 180 °C (350 °F/plinska oznaka 4).
b) V veliki posodi za mešanje zmešajte vitalni pšenični gluten, prehranski kvas, juho v prahu, papriko, rožmarin in črni poper.
c) Z mešalnikom (pultnim ali potopnim) zmešajte česen, jušno osnovo, olje in marmit ter dodajte suhim sestavinam.
d) Dobro premešajte, dokler se vse ne poveže, nato pa gnetite pet minut. (opomba 1)
e) Na velikem kosu silikonskega pergamenta za peko razvaljajte seitan v rahlo pravokotno obliko, dokler ni debel približno 1,5 cm (½ palca).
f) Obilno namažemo z bučnim pirejem, nato dodamo plast zeljnega in gobovega nadeva.
g) S pomočjo peki papirja in začnite na enem od krajših koncev previdno zvijte seitan v obliko polena. Pri tem poskusite ne raztegniti seitana. Konca sejtana stisnite skupaj, da se zapreta.

h) Poleno tesno zavijte v aluminijasto folijo. Če je vaša folija tanka, uporabite dve ali tri plasti.
i) (Svojo zavijem kot velikansko karamelo – in tesno zasukam konce folije, da se ne razplete!)
j) Seitan položite neposredno na polico na sredini pečice in ga pecite dve uri ter ga vsakih 30 minut obrnite, da zagotovite enakomerno pečenje in porjavitev.
k) Ko je pečena, pustite, da polnjena pečenka iz seitana počiva v ovitku 20 minut, preden jo narežete.
l) Postrezite s tradicionalno pečeno zelenjavo, vnaprej pripravljeno gobovo omako in drugimi dodatki, ki jih želite.

100. Kubanski sendvič s seitanom

Sestavine

- Mojo pražen seitan:
- 3/4 skodelice svežega pomarančnega soka
- 3 žlice svežega limetinega soka
- 3 žlice oljčnega olja
- 4 stroki česna, sesekljani
- 1 čajna žlička posušenega origana
- 1/2 čajne žličke mlete kumine
- 1/2 čajne žličke soli
- 1/2 funta seitana, narezanega na 1/4 palca debele rezine

Za montažo:

- 4 (6- do 8-palčni dolgi) veganski podmorski sendvič zvitki ali 1 mehka veganska italijanska štruca, po širini narezana na 4 kose
- Vegansko maslo, sobne temperature, ali olivno olje
- Rumena gorčica

- 1 skodelica rezin kislih kumaric kruha in masla 8 rezin veganske šunke, kupljene v trgovini
- 8 rezin veganskega sira blagega okusa (zaželen okus ameriškega ali rumenega sira)

Navodila

a) Pripravite sejtan: Pečico segrejte na 375°F. V keramičnem ali steklenem 7 x 11-palčnem pekaču zmešajte vse sestavine za mojo razen seitana. Dodajte trakove seitana in premešajte, da jih prelijete z marinado. Pečemo 10 minut, nato rezine enkrat obrnemo, dokler se robovi rahlo ne zapečejo in ostane še nekaj sočne marinade (ne prepeci!). Odstranite iz pečice in pustite, da se ohladi.

b) Sestavite sendviče: vsako žemljico ali kos kruha vodoravno prerežite na pol in obe polovici izdatno namažite z maslom ali namažite z oljčnim oljem. Na spodnjo polovico vsakega zvitka namažemo debelo plast gorčice, nekaj rezin kislih kumaric, dve rezini šunke in eno četrtino rezin sejtana, na vrh pa dve rezini sira.

c) Malo preostale marinade namažite na prerezano stran druge polovice zvitka, nato pa položite na spodnjo polovico sendviča. Zunanjost sendviča premažite z malo več olivnega olja ali premažite z maslom.

d) Na srednjem ognju predhodno segrejte 10- do 12-palčno litoželezno ponev. Dva sendviča nežno prenesite v ponev, nato pa na vrh postavite nekaj težkega in toplotno odpornega, na primer drugo litoželezno ponev ali opeko, prekrito z več plastmi močne aluminijaste folije. Sendvič pecite na žaru 3 do 4 minute, pri tem pazite, da se kruh ne zažge; če je treba, rahlo zmanjšajte toploto, ko se sendvič kuha.

e) Ko je videti, da je kruh popečen, odstranite ponev/opeko in s široko lopatko previdno obrnite vsak sendvič. Ponovno pritisnemo z utežjo in kuhamo še približno 3 minute, da se sir segreje in stopi.

f) Odstranite utež, prenesite vsak sendvič na desko za rezanje in diagonalno narežite z nazobčanim nožem. Postrezite ho

ZAKLJUČEK

Tempeh ponuja močnejši okus po oreščkih in je bolj gost ter vsebuje več vlaknin in beljakovin. Seitan je bolj zahrbten kot tempeh, saj lahko zaradi svojega pikantnega okusa pogosto preide kot meso. Kot bonus je tudi več beljakovin in manj ogljikovih hidratov.

Seitan je najmanj rastlinska beljakovina, ki zahteva najmanj pripravkov. Običajno lahko sejtan v receptih nadomestite z mesom v razmerju 1:1 in za razliko od mesa vam ni treba pogrevati pred jedjo. Eden najboljših načinov za uporabo je kot drobljenec v omaki za testenine.

Ko gre za tempeh, je pomembno, da se dobro marinira. Možnosti marinade lahko vključujejo sojino omako, limetin ali limonin sok, kokosovo mleko, arašidovo maslo, javorjev sirup, ingver ali začimbe. Če nimate časa za mariniranje tempeha, ga lahko poparite z vodo, da se zmehča in postane bolj porozen.